인문학적 성찰 중심의
취업전략

인문학적 성찰 중심의
취업전략

조용진 조용기 고귀한 지음

나비의 활주로

Preface

왜 이 책을 집필했는가?

성공취업의 핵심은 얼마나 많은 정보를 얻느냐가 아니라 자신에게 꼭 맞는 정보를 얼마나 빠르고 효율적으로 얻느냐에 달려 있습니다. 2012년 하반기부터 채용시장에는 몇 가지 커다란 변화가 있었습니다. GS글로벌, 효성, LG패션, 농심 등의 기업에서 대표이사(CEO)가 임원면접에 참관하여 수험생들에게 직접 질문하는 사례들이 증가했습니다. 이러한 경향은 수험생들을 크게 압박했을 것입니다. 이 책은 최신의 채용 트렌드를 분석하여 살아 있는 정보를 효율적으로 얻고 활용할 수 있는 방법을 다루고 있습니다.

또한 채용시장에서 인성평가가 강화되고 있다는 점이 눈에 띕니다. 최근 인사담당자 200명을 대상으로 조사한 〈2013년 올해의 채용 키워드〉로 '인성'이 1위를 차지했고, '면접강화'가 3위를 차지했습니다. 따라서 구직자들은 인성과 면접강화에 대한 전략적 접근이 필요합니다.

강화된 인성평가에 대비하는 방법은 첫째, 직업관, 생활신조, 존경하는 인물, 감명 깊게 읽은 책 등 자기소개서 질문에 대해 철저하게 대비하는 것입니다. 이러한 것들이 인성평가를 위한 대표적인 질문들입니다. 둘째, 면접전형에서 인성평가를 위한 질문들을 예상하고 준비하는 것입니다. 기업은 실무형 인재를 선호합니다. 대인관계, 의사소통, 헌신과 기여 등의 질문을 통해 지원자의 실무능력과 인성을 동시에 평가할 수 있습니다. 이 책은 강화된 인성평가를 대비하기 위한 방법론과 다양한 사례를 통해 수험생들에게 올바른 취업준비 방향을 제시하고자 합니다.

왜 이 책을 왜 읽어야 하는가?

여러분은 자신의 다양한 경험을 토대로 자기소개서를 작성해본 적이 있을 것입니다. 그럴 때마다 만족할 만한 내용이 완성되었나요? 그렇지 않다면 그 이유는 무엇일까요? 그것은 작성한 '성과'가 불분명하기 때문입니다. 이 책은 기존의 자기소개서에서 다루고 있는 방식과 큰 차이점이 있습니다. 특정 경험에 대한 성과를 기술할 경우, 과정과 결과를 기술하는 것에서 그치지 않고 근본적인 성찰을 통한 깨달음은 무엇이고, 그것이 지원하는 직무에 어떤 기여할 수 있는지 기술되어 있습니다. 필자는 수험생들에게 다양한 경험 속에 존재하는 드라마틱한 교훈을 발견하는 것이 중요하다고 강조합니다. 이 책은 수험생 여러분들이 이루어낸 개인적 성장, 발전, 변화 또는 성과를 자기소개서와 면접에 담아 평가위원들을 감동시킬 수 있는 길잡이가 될 것으로 믿습니다.

이 책에서 무엇을 얻어야 하는가?

Chapter 1 채용시장 전망에서는 2013년 채용 트렌드와 업종별 취업전략을 다루고 있습니다. 채용트렌드 분석을 통해 인사담당자가 말하는 채용의 키워드와 취업준비의 올바른 방향이 무엇인지 제시하고 있습니다. 이를 통해 수험생들은 강화된 인성평가에 대해 효과적으로 대비할 수 있습니다. 업종별 취업전략에서는 자신이 지원한 업종에서 원하는 인재상과 취업 포인트를 살피면서 '나만의 취업전략'을 세울 수 있도록 안내합니다.

Chapter 2 자기소개서 작성법에서는 인문학적 성찰중심의 자기소개서 작성법에 대해 다루고 있습니다. 평가위원들이 말하는 차별화된 스토리란 무엇인지 소개하며 기존의 자기소개서 질문과 최근 새롭게 등장한 질문의 의도를 분석함으로써, 평가위원들이 원하는 자기소개서 작성을 위한 노하우를 제시합니다.

Chapter 3 유형별 면접전략에서는 역량면접과 면접 노하우에 대해 소개하고 있습니다. 인성면접, 토론면접, PT면접 대비법을 구체적으로 보여주고 창의력 평가로 알려진 난해한 면접질문 대응방법을 자세히 다루고 있습니다.

Chapter 4 금융권 면접전략에서는 인사담당자가 전하는 자기소개서 작성과 필기시험 방법을 다루고 있습니다. 특히 최근 금융권에서 새롭게 등장한 통섭역량면접, 세일즈역량면접에 대해 심층 분석하고 실제 금융권 합격 사례를 제시하고 있습니다.

Chapter 5 직무분석에서는 직무분석의 중요성과 경영지원, 영업&마케팅 직무를 심도 깊게 분석하고 있습니다. 이를 통해 수험생들은 자기소개서의 성장과정, 장단점, 대학생활, 직업관, 지원동기와 향후 포부 등을 작성할 때 자신의 경험을 직무에 효과적으로 연결할 수 있습니다.

Chapter 6 기업분석에서는 기업을 둘러싼 외부환경분석과 기업에 미치는 영향, 기업 SWOT분석과 그 전략적 시사점 등을 집중적으로 다루고 있습니다. 이를 통해 기업분석이 자기소개서의 지원동기와 향후 포부에 어떻게 활용되는지를 이해하게 됩니다. 그리고 기업분석이 토론면접과 PT면접에 어떻게 활용되는지를 배우게 됩니다.

Chapter 7 외국계기업 취업전략에서는 외국계기업 취업을 위한 Resume 작성법과 Cover Letter 작성법을 다루고 있습니다. 그리고 외국계기업에 대한 정보수집과 효과적인 영어인터뷰 전략을 상세히 소개하고 있습니다.

Chapter 8 성공 인턴십에서는 기업 인사담당자들이 말하는 인턴십을 위한 준비 및 인턴생활에 대한 조언을 얻게 됩니다. 그리고 인턴에 버금가는 해외플랜트 교육과 현대자동차의 인턴십 합격 사례를 보여주고 있습니다.

Chapter 9 기업에서 원하는 실무능력에서는 기획력, 프리젠테이션 및 의사소통의 중요성을 이해하고 기업이 원하는 인성 및 비지니스 매너와 조직적응력을 위한 노하우를 제시합니다.

마지막으로 부록에서는 **2013년 새롭게 바뀐 정책들**을 통해 금융, 통신 등 산업별로 예상되는 주요 이슈에 대해 전망하고 있습니다. **20대 기업 인재상 분석**에서는 주요 기업에서 말하는 인재상의 구체적인 의미를 심층적으로 다루고 있습니다.

Contents

Chapter
1

채용시장
전망

Part 1

2013년 채용 트렌드

• • •

주요 기업 인사담당자들은 올해 취업시장에서 이슈가 될 핵심 키워드에 대해 '인성'을 1위로, '면접강화'를 3위로 꼽았다. 이것은 채용에서(특히 면접을 통해) 인성평가를 대폭 강화하겠다는 의지로 풀이된다.

[인사담당자가 뽑은 2013년 취업시장 핫 키워드]

순위	항목	응답률
1위	인성 중시	38.3%
2위	SNS를 활용한 스마트 채용	37.1%
3위	면접강화	29.0%
4위	고졸 채용의 증가	24.6%
5위	비정규직 채용 증가	23.0%

자료: 취업포털 잡코리아

1. 자기소개서의 변화

2013년 KB국민은행의 '동계인턴 자기소개서' 질문을 살펴보자. 자기소개서는 '약술형'과 '서술형'으로 나뉜다. 약술형 자기소개서는 '좌우명, 매력, 자기 계발, 지원 동기'를 묻는 질문들로 구성되어 있고 50자 이내로 작성해야 한다. 이 질문들은 지식이나 스킬과 큰 관련성이 없기 때문에 인성평가를 위한 질문으로 볼 수 있다.

자기소개서(약술형)

1. 좌우명
2. 타인이 이야기하는 귀하의 매력
3. 금융권 취업을 위해 귀하가 준비 중인 역량개발 내용
4. KB국민은행이 귀하를 인턴으로 채용해야 하는 이유
* 각 항목당 글자수 공백 포함 50자 이내

다음으로 서술형 자기소개서는 '성장과정, 열정, 인문학 성찰, 동계인턴 활동계획'을 묻는 질문들로 구성되어 있으며 250자 이내로 작성해야 한다. 이 질문들 역시 대체로 인성평가를 위한 질문으로 해석된다.

자기소개서(서술형)

1. 본인의 성장과정에 대하여 서술하시기 바랍니다.
2. 본인의 열정을 쏟아 몰입한 경험, 성공 또는 실패 경험 등에 대하여 서술하시기 바랍니다.
3. 문학/역사/철학 등 인문분야에 대한 고민과 성찰을 통하여 통찰력/상상력/창의력 등을 향상시킨 경험에 대해서 서술하시기 바랍니다.
4. KB국민은행 동계인턴 활동계획에 대하여 서술하여 주시기 바랍니다.
* 각 항목당 글자수 공백 포함 250자 이내

---

2. 면접전형의 변화

새로운 면접전형이 등장했다. 금융권은 '통섭역량면접'이 최초로 실시되었고, '세

일즈역량면접'이 강화되었다.

또한 현대자동차의 경우 현장 인터뷰를 통해 끼와 열정이 넘친다고 판단되면 서류 전형을 면제해주는 기업이 늘고 있다.

3. 임원면접의 변화

Google 같은 글로벌 기업들은 CEO가 최종 면접과정에 참여하는 등 기업에 가장 적합한 인재를 선발하기 위한 CEO 역할이 강조되고 있는 추세다. 최근 국내에서도 효성, 농심, LG Fashion, GS 글로벌 등 기업의 CEO가 직접 면접관으로 참가하는 사례가 증가하기 시작했다. 이는 CEO가 직접 ①기업의 가치 및 문화에 부합하는지 ② 조직에 잘 적응할 수 있을지 등 인성과 조직적응력을 갖춘 인재를 선발하기 위한 목적으로 풀이된다.

Part 2

업종별 취업전략

• • •

　지원하는 업종마다 요구하는 인재상이 다르고, 이에 따라 갖추어야 할 자격증이나 면접방법 등이 다르기 때문에 자신이 희망하는 업종을 미리 선정하고 준비한다면 그만큼 취업성공률도 높아진다. 업종은 크게 전기 · 전자, 자동차, 금융, 물류 · 운수, 유통 · 무역, 식품 · 음료 · 외식 · 기계 · 철강 · 조선 등으로 나눌 수 있다.

1. 업종별 채용전망

　대한상공회의소가 매출액 상위 500대 기업을 대상으로 '2013년 일자리 기상도'를 조사한 결과 채용계획을 확정한 288개사의 채용예정 인원은 3만2천 521명으로 집계됐다고 발표했다.

　이들 기업이 2012년 채용한 3만2936명보다 1.3% 줄어든 규모지만 어두운 경기 전망을 감안하면 신규채용 규모가 크게 줄지 않은 것이라고 대한상공회의소는 설명했다. 업종별로는 섬유 · 제지(2.9%), 식음료(2.0%), 기계 · 철강 · 조선(0.8%), 석유 · 화학(0.7%)은 채용이 다소 늘어날 것으로 조사됐다. 반면 건설(-14.9%), 제약(-6.9%), 금융

(-3.0%) 등은 줄어들 것으로 예상됐다. 채용인원이 가장 많은 전기·전자(-0.6%) 업종은 지난 해보다 소폭 감소할 것으로 전망됐다.

2. 업종별 취업전략

올 한해도 경기침체가 계속될 것으로 전망되면서 취업시장도 꽁꽁 얼어붙었다. 채용은 '결원의 충원'과 '미래를 위한 투자'라는 양면을 가지고 있다. 불황을 맞으면 기업들은 미래를 위한 투자를 유보하게 된다. 따라서 구직자들은 기존과 다른 취업전략이 필요하다.

(1) 업종전망을 살펴라

상대적으로 불황에 덜 민감한 업종이 있기 마련이다. 지원자들은 업종전망에 따라 채용 규모가 결정되므로, 업종선택에 신중할 필요가 있다.

(2) 불황기 채용 트렌드를 파악하라

① 회사의 수익과 직결되는 영업인력 확대

신규 비즈니스와 같은 미래를 위한 투자보다는 회사의 수익과 직결되는 영업인력 선발을 확대한다. 영업직 모집확대는 매출증가와 신규거래처 확보로 이어지기 때문이다. 대부분 기업에서 영업직 채용 시 승부근성, 도전정신, 사회활동 경험, 영업에 대한 열정 등을 평가항목에 포함시킨다.

② 위기관리 능력이 가진 '실무형 인재' 선호

불황기 기업들은 가장 많이 요구하는 능력은 실무관련 능력이다. 기업들은 지원자들이 역경을 헤쳐 나갈 정신력을 지녔는지, 시련을 효과적으로 극복할 수 있는지를 집중적으로 점검한다. 신입인 경우에는 지원 분야 업무에 도움이 되는 아르바이트, 공모전, 인턴경험, 자격증, 병역특례 경험을 통해 '실무능력'을 갖춘 인재임을 각인시키는 것이 중요하다.

③ 비공개 수시채용 방식으로 인력 충원

불황일수록 수시채용, 사내추천제, 또는 헤드헌팅 등 비공개 채용이 증가한다. 기업의 채용규모가 축소되면 공채와 수시채용을 병행하게 된다. 직원추천, 학교 및 교수 추천에 대한 관심이 필요하며 지원 분야의 커뮤니티나 동호회 등 폭넓은 인적 네트워크를 구축하고 관리하는 것이 취업에 도움이 된다.

(3) 채용전형의 변화를 읽어라

강한 정신력과 자신만의 전략으로 '위기'를 극복한 사례가 있다면 취업전형에서 도움이 된다.

① 자기소개서

어려울 때 성과를 내려면 스펙보다는 긍정적인 사고방식과 남다른 문제해결 능력을 갖춘 인재가 필요하다는 것을 기업들은 잘 알고 있다. 이 때문에 구직자들은 학창시절 인턴, 파트타임, 공모전 활동, 해외경험, 봉사활동 등을 통해 얻은 실무에 활용 가능한 역량을 구체적으로 어필해야 한다.

② 면접에서 출제될 수 있는 질문들은 예상해 보면 다음과 같다.

- 세상에 살면서 가장 큰 시련은 무엇인가?
- 힘든 일을 겪었을 때 어떻게 극복했나?
- 실적이 나오지 않을 때 대응 방법은?

구직자들은 이같이 기업들의 변화된 '인재상'을 고려해 면접을 준비해야 한다. 채용과정에서 본인이 시련이나 위기상황을 자신만의 전략과 강한 정신력으로 극복했던 사례를 제시하는 것도 좋은 방법이다. 톡톡 튀고 자신의 개성을 강조하는 것보다는 끈기와 성실성, 위기극복 능력, 충성도를 보여주는 게 유리하다.

Chapter
2

자기소개서
작성법

Part 1
스토리가 있는 자기소개서

• • •

1. 자기소개서란?

평가위원이 자기소개서를 읽는 목적은 지원자가 어떤 사람인지를 알아보는 데 있다. 구체적으로 말하면 지원한 기업이나 직무와 관련해 일관성을 가지고 얼마나 꾸준히 준비해 왔는지를 평가하는 것이다. 지원자가 어떤 경험이 있고, 어떤 생각을 하고 있는지도 중요하지만, 평가위원이 가장 중요하게 생각하는 '우리 회사에 어떤 기여를 할 수 있는 사람인가?'에 초점을 맞추어 작성하는 것이 좋다.

2. 인성이란?

다음 그림은 '역량'의 구성요소를 잘 설명하고 있다. 역량에는 지식, 기술, 태도 이외에도 가치(Value), 자아상(Self-Image), 특질(My Traits) 그리고 동기(My Motives) 등으로 구성된다. 기업에서 지원자를 평가할 때 지식이나 기술과 같은 요소는 이력서로 계량화가 가능하다. 그러나 인성(가치, 자아상, 특질, 동기)은 눈으로 확인할 수 없는 영역이기 때문에 자기소개서에서 1차적으로 검증한 후 다양한 면접전형을 통해 지원자들을 심층적으로 평가한다. 2012년 하반기 공채의 두드러진 특징 중 하나는 기업 CEO

Skills
What I can do

Knowledge
What I know

Values
What do I think is important?

Self-image
How do I see myself?

My Traits
What are my habits?

My Motives
What energises me?

들이 직접 임원면접에 참가하여 '인성'을 집중적으로 평가하기 시작했다는 점이다. 강화된 인성 평가에 대해 대처하는 방법은 '가치(Value), 자아상(Self-Image), 특질(Traits) 과 동기(Motives)'에 대한 철저한 이해를 통해 자기소개서 작성에서부터 면접전형까지 집중적으로 대비하는 것이다.

구분	대책
가치	의미: 내가 중요하게 생각하는 것은 무엇인가? 사례: 자신에게 중요한 가치가 무엇인지 명확히 전달할 수 있어야 한다. 인생관, 직업관, 삶의 원칙을 세우는 것이 중요하다.
자아상	의미: 나는 내 자신을 어떻게 바라보고 있는가? 사례: '남들이 바라보는 나'가 아닌 '자신이 바라보는 나'에 대한 철저한 분석이 필요하다. 자신만의 진가가 무엇인지 성찰해 보아야 한다.
특질	의미: 나의 습관은 무엇인가? 사례: 직무수행이나 대인관계 등 기업에 기여할 수 있는 자신만의 강점에 대비해야 한다.
동기	의미: 나에게 열정을 갖게 하는 것은 무엇인가? 사례: 대학생활 및 사회경험 등에서 어떤 일을 하게 되는 구체적인 동기 또는 열정에 대한 답변을 준비해야 한다.

3. 특별한 경험이란?

'나는 특별한 경험이 없는데, 어떡하지?'

'나의 대학생활은 너무나도 평범했는데, 어떡하지?'

흔히 이런 고민들을 해 보았을 것이다. 필자는 대학교에서 취업교과목을 담당하고 있다. 그래서 이와 같은 고민을 하고 있는 구직자들이 의외로 많다는 것을 잘 알고 있다. 그러나 인사담당자들은 이렇게 말한다.

"지금까지 어떤 삶을 살았더라도 평범한 삶은 없습니다. 단지 자신들의 삶 속에서 의미들을 못 찾아내고 있는 것입니다."

특별한 경험은 중요하지 않다. 경험을 특별하게 만드는 것은 '경험에서 무엇을 배웠고 무엇을 변화시켰는가?'에 있다. 남들과 비교했을 때 경험이 많지 않을 수도 있다. 그러나 아무리 사소한 일을 했더라도 그 속에서 얻은 것이 있을 것이고, 그 일이 사소하든 그렇지 않든 자신이 그것을 통해서 무엇을 느꼈고 무엇을 배웠고 무엇을 변화시켰느냐가 중요하다. 바로 이런 것들을 자기소개서에 담아내는 것이 가장 중요하다.

4. 스토리가 있는 자기소개서

(1) '나만의 스토리'가 핵심

자기소개서는 인사담당자들의 눈을 확 끌 수 있게, 그리고 깊은 인상을 남길 수 있게 쓰는 것이 핵심이다. '스토리'란 자기를 잘 보여줄 수 있는 이야기를 의미한다. 자기소개서 작성에 중요하다고 하는 '스토리의 정체'가 무엇인지 아래의 인사담당자와의 인터뷰 기사를 통해서 구체적으로 알아보자.

(2) 인사담당자들이 말하는 '스토리'

사례1 ■ "스펙보다 스토리가 중요합니다. 후손에게 물려주고 싶은 유산에 대한 질문 중 이목을 집중하는 답변이 있었습니다. '인문학이 우리 모두에게 평생을 살아가는 최고의 자산'이라고 말하면서 '그 이유는 깊게 생각하고 현명하게 판단하는 법을 배울 수 있고 보다 가치 있는 삶의 방향을 제시해 주기 때문'이라고 대답했습니다."

사례2 ■ "지원자의 독창적인 경험을 중점적으로 봅니다. 인턴생활이나 해외여행 경험을 단순하게 나열하는 것이 아니라 그 경험들을 통해서 내가 얻은 것이 무엇이고 자신이 어떻게 달라졌는지, 그리고 그러한 자신의 성장이 지원한 직무에 어떤 기여를 할 수 있는지에 대해 구체적인 경험을 쓰는 사람을 더 높게 판단합니다."

사례3 ■ "차별화된 자기소개서가 필요합니다. 업무 관련적인 사항보다는 학창시절 동안 주어진 여건과 환경 속에서 얼마나 충실했는지, 얼만큼 시간과 노력을 투자했는지 보여주면 됩니다. 화려한 수식을 넣어서 꾸미기보다는 솔직담백하게 정말 이야기하고 싶은 요소를 전달해주세요."

Part 2
자기소개서 질문분석(I)

• • •

자기소개서 작성의 시작은 자기소개서 질문 분석에서 출발한다. 그러나 의외로 수험생들이 소홀하게 여기는 부분이 자기소개서 질문분석이다. 자기소개서 질문분석이 중요한 이유는 첫째, 평가자의 의도를 파악하고 평가 기준에 부합된 자기소개서를 작성할 수 있기 때문이다. 또한 자기소개서 작성에 소요되는 시간을 절약할 수 있고 완성도 높은 자기소개서를 작성할 수 있다.

1. 성장 과정

첫 번째 관점은 지원자가 자라온 가정환경에서 기술할 수 있다. 두 번째 관점은 지원자의 개인경험과 지원한 기업과 직무연관성을 보기 위한 질문으로 이해할 수 있다. 평가위원은 무엇보다 기업과 직무연관성이라는 점을 중요하게 평가한다. 최근 금융권에서는 성장과정을 작성할 때 직무연관성을 강조할 것을 주문하고 있다.

2. 성격상의 장단점

'직무수행을 위해 필요한 본인의 강점 및 보완점'이라고 해석할 수 있다. 자신의 장단점이 무엇인지 고민하기에 앞서 본인의 성공과 실패 경험을 되돌아보는 것이 중요하다. 그 속에서 진정한 강점과 보완점을 찾을 수 있다. 따라서 성공과 실패 사례를 중심으로 본인의 강점과 보완점을 작성하면 좋은 평가를 받을 수 있다.

3. 지원동기

평가위원의 의도는 '목표기업을 정하지 않고 입사지원서를 남발하는 '묻지마 지원자'를 가려내고 싶다'는 것이다. 대응전략으로 업종과 직무를 중심으로 그동안 일관성 있게 준비해 왔다는 점을 강조하는 것이 중요하다. 자기소개서 작성 시 유의점은 지원자는 '기여할 것'에 집중해야 한다. '배우겠다', '열심히 하겠다'라는 표현은 준비된 지원자란 인상을 주기 어렵다.

4. 열정을 묻는 질문

열정이란 '무엇 하나만을 생각하고, 말하고, 행동하고 꿈꾸는 것이다'는 말이 있다. 다양한 경험 중에서 가슴 설레었거나, 간절했거나, 절박했던 사례가 있다면 좋은 소재가 될 수 있다.

5. 생활신조(좌우명)

이 질문의 의도는 지원자가 생활신조(좌우명)를 갖게 된 이유와 그것을 평소 실천하고 있는지 알고 싶은 것이다. 만일 '정직한 사람이 되자'가 생활신조라면 말과 행동이 일치하는 사람, 또는 내면의 나와 외면의 내가 일치한다는 사례를 구체적으로 제시해야 한다. 말이 '멋진 신조'가 아니라 실천하는 모습이 '멋진 사람'인 것이 중요하다.

6. 직업관

"직업은 늘 가슴 뛰고, 하면 할수록 보람차고 신이 나는 것이어야 한다"는 말이 있다. 필자는 이 말에 전적으로 공감한다. 직업은 보람과 긍지를 느낄 수 있는 일이어야 한다. 남들이 보기에 사소한 일을 하더라도 그 속에서 가치를 발견하려는 마음가짐이 무엇보다도 중요하다.

Part 3
자기소개서 질문분석(II)

• • •

최근 새로운 자기소개서 질문이 등장하기 시작했다. 지원자의 역량과 실무능력 검증이 점차 강조되고 있는 것이다. 특히 자기소개서에서는 지원자만의 독특한 경험과 논리, 창의적인 답변을 듣고자 한다는 것을 유념해야 한다.

1. PT 형태의 자기소개서 질문

KB국민은행	영업점 방문소감 및 미래를 위한 제언
우리은행	우리은행과 다른 시중은행 영업점의 직접 방문
홈플러스	지속 가능한 성장을 위해 홈플러스가 개선할 사항 제안
대우증권	대우증권 마케팅 담당자로서 대우증권 PR 방안

설명 ■ 위의 질문에서 찾아볼 수 있는 공통점은 PT면접 주제가 자기소개서 질문 형태로 등장하고 있다는 것이다. 이러한 질문들은 지원자들로부터 현장 경험을 통해 고객들의 관심사를 이해하고 개선점을 도출할 것을 주문하고 있다.

대책 ■ 이러한 질문들은 책상에서, 또는 인터넷 검색으로 대처할 수 없다. 직접 영업점이나 매장을 방문하는, 발로 뛰는 적극성이 요구된다. 단순히 방문 소감에서 그치는 것이 아니라 개선점을 고민해 보고 대안을 제시함으로써, 지원기업에 대한 관심과 열정을 보여주는 것이 무엇보다 중요하다.

2. 인성평가 강화를 위한 자기소개서 질문

(1) 자신을 가장 잘 나타내는 사자성어

'남이 바라보는 나', 또는 '자신이 바라보는 나'에 대해서 어떻게 평가하고 있는지를 묻는 질문으로 해석할 수 있다. 중요한 점은 사자성어에 부합된 사람인지를 명확히 드러낼 수 있어야 한다. 선택한 사자성어가 본인의 강점을 잘 드러내고 성과를 창출해 낼 수 있다는 메시지를 전달할 수 있어야 한다.

(2) 존경하는 인물

유명인사가 아니이도 좋다. 이떤 점을 배웠고, 배운 깃을 어떻게 실천하고 있는지를 잘 드러내야 한다. 나에게 어떤 변화가 있었고, 그것이 어떤 도움이 되었는지 생각해 보아야 한다.

(3) 즐겨 찾는 인터넷 사이트와 그 이유

카페나 블로그 활동을 꾸준히 해왔다면, 관심분야와 전문성 등을 객관적으로 증명할 수 있다. 유명하지 않은 사이트라도 자신만의 명확한 방문 이유를 제시할 수 있어야 한다. 면접에서 질문 받을 가능성이 높기 때문에 면접 전에 주요내용을 꼼꼼하게 살피는 것이 좋다.

Part 4
합격자 자기소개서 분석

• • •

합격자 자기소개서를 분석해 보면 다음과 같은 공통점이 있다. 첫째, 직무에 대한 이해도가 매우 높다. 둘째, 많은 시간을 투자하여 정성스럽게 작성했다는 것이 느껴진다. 셋째, 직무와의 연관성을 설득력 있게 설명한다는 점이다. 넷째, 제목이 흥미롭고 강렬하다. 실제로 채용에 합격한 자기소개서를 살펴보자.

자신이 다른 사람과 구별되는 능력이나 기질을 써주십시오.

- 'WHAT'을 'HOW'로 바꾸는 기획력과 실행하는 행동력
- 새로운 가치 창출을 위해 지식을 체득하며 끝까지 완성해내는 집중력
- 타인의 생각을 놓치지 않고 모두의 공감을 추구하는 이타적 리더십

후배에게 추천하고 싶은 책 세 가지를 중요한 순서대로 적어주십시오. (100자)

- 기업가 정신:《한 권으로 읽는 드러커 100년의 철학》, 피터 드러커
- 자아 성찰:《너무 일찍 나이 들어버린, 너무 늦게 깨달아버린》, 고든 리빙스턴
- 인간의 심리:《세계사를 움직이는 다섯 가지 힘》, 사이토 다카시

즐겨 찾는 인터넷 사이트와 그 이유를 설명해주십시오. (100자)

- 新華網: 중국 뉴스를 중국인의 관점으로 열람

- 北京大 中國言語中心 語料庫: 상황에 적합한 중국 어휘를 익힐 수 있음

- 네이버 카페 '디젤매니아' 등 패션 커뮤니티: 최신 경향에 대한 시대의 반응을 알 수 있음

자신에게 있어서 직장생활의 의미를 써 주십시오. (200자)

직장생활은 문제의 발견과 해결입니다. 사업은 '위대한 필요'를 찾아내어 만족하게 하는 열정에서 시작됩니다. 또 사업의 본질은 다른 사람을 섬기는 것이며, 부가가치를 창출하여 더 나은 세상을 만드는 것입니다. 저는 이랜드에서 이러한 열정을 발견했습니다. 저는 부지런함과 배우려는 자세, 계획성, 판단력을 발휘하여 앞으로도 이랜드가 '위대한 필요'를 찾아내고 열정을 갖는 기업으로 성장하는 데 앞장서겠습니다.

가족 사항 및 성장 과정(500byte)

[경험이 나를 만든다]

여러 조각들이 모여 퍼즐이 완성되듯, 다양한 경험을 통해 준비된 신한금융투자人 ○○○이 완성됐습니다. 대학시절 학과 축구동아리에서 활동하며 조직적응력과 대인관계능력을 향상시켰고, 상경대 음악동아리의 회장으로서 공연을 기획 진행하며 일에 대한 추진력과 책임의식을 키웠습니다. 이러한 저의 장점은 상호존중, 주인정신이란 핵심가치에 부합한다고 생각합니다. 조직문화에 적응해 시너지를 창출하며, 스스로 해야 할 일을 찾아 책임감 있게 마무리하는 함께 일하고 싶은 직원이 되겠습니다.

지원 동기 및 입사 후 계획(1000byte)

[프로 신한금융투자人의 꿈]

경영학 전공으로서 투자론, 파생상품론 등의 강의를 들으며 금융투자업에 매력을 느꼈고, 관련 자격증을 취득하며 증권인의 꿈을 키웠습니다. 증권업계를 선도해온 신한금융투자는 제가 최고의 증권 업무를 배우며 잠재력과 역량을 발휘할 수 있는 유일한 곳입니다. 경제발전에 기여한다는 자부심과 따뜻한 금융을 실천한다는 보람을 느끼며, 신한금융투자 발전의 최전선에서 첨병 역할을 완벽히 해내는 프로 신한人이 되겠습니다.

[Your Happiness Partner]

사람들과 만나는 것을 좋아하고 도전을 즐기는 저의 성격은 리테일 업무에 적합하다고 생각합니다. 고객과의 만남을 소중한 인연으로 여기고 눈높이를 맞추겠습니다. CFP자격 증 취득은 결과로써 신뢰에 보답하기 위한 노력이었습니다. 광범위한 지식을 쌓고 정보 에 민첩하게 반응하는 프로가 되겠습니다. 또한 영화관 아르바이트를 통해 얻은 서비스 정신을 적극 발휘하겠습니다. 밝은 미소와 친절함을 바탕으로 고객만족을 실천하며 이달 의 STAFF상을 받은 경험이 있습니다. 고객이 원하는 것을 정확히 파악하고 창조적 서비 스를 제공하며 행복을 책임지는 Happiness Partner가 되겠습니다.

본인의 강점 및 단점 소개(1000byte)

[정이 가는 사람, 정이 많은 사람]

제 인생에서 가장 중요한 것은 사람입니다. 항상 상대방의 입장에서 생각하고 베풀며 정 을 나눴습니다. 어버이날, 군 입대와 어학연수로 집에 갈 수 없는 친구들을 대신해 부모님 을 찾아뵙고 꽃을 달아드렸습니다. 군대에서 오랫동안 휴가를 나가지 못한 선후임을 위 해 포상휴가를 양보했고, 대학동기 부모님의 수술 소식에 헌혈증을 모아 힘을 보탠 적이 있습니다. 작은 노력이 큰 감동이 되었고 사람들의 신뢰를 얻을 수 있었습니다. 고객의 입 장에서 세심하게 배려하는, 따뜻한 정과 인간미를 느낄 수 있는 신한금융투자人이 되겠 습니다.

[YES맨 극복기]

다른 사람에게 거절과 싫은 소리를 잘하지 못하는 성격입니다. 두 가지 약속을 비슷한 시 간대에 잡고 급하게 이동하느라 어려움을 겪기도 하고, 단체 프로젝트에서 과중한 임무 를 맡아 밤늦게 잠들기도 합니다. 때로 NO라고 하는 것은 마음의 안정을 주고 한 사람과 의 약속에 좀 더 집중할 수 있게 해주며, 업무처리 시 효율성을 높여준다고 생각합니다. 타당한 이유와 상황을 부드럽게 설명하고 대인관계를 잘 유지하면서 NO라고도 말하는 연습을 하고 있습니다.

[최고지향 - Beyond Limitation]

뉴욕주립대 교환학생 시절, 두 가지 목표에 도전하고 달성한 경험이 있습니다.

첫 번째 목표는 최고의 성적을 얻는 것이었습니다. 영어로 강의를 들으며 미국 학생들과 경쟁하기 위해서는 몇 배의 시간투자가 필요했습니다. 모든 강의를 녹음해 반복해서 들으며 수업을 이해했고, 도서관이 문을 닫은 후에도 벤치와 기숙사 로비에서 책을 읽으며 끊임없이 노력한 결과 모든 과목에서 A를 받을 수 있었습니다.

두 번째 목표는 낯선 환경에 적응하며 유연성을 기르고 외국인 친구를 만드는 것이었습니다. 룸메이트에게 적극적으로 다가가 대화하고 때로는 술자리를 제안하며 문화와 예절, 미국식 영어표현을 자연스럽게 익혔습니다. 축구와 음악이라는 공통분모를 찾아 주말을 함께하며 피부색을 초월해 소통하고 인연을 맺었습니다.

강한 목표의식을 바탕으로 치열하게 노력한다면 멀게 느껴지는 목표에도 반드시 도달할 수 있다고 믿습니다. 지금 제 목표는 신한금융투자에 입사하고, 제가 속한 부서가 전국 1위의 성과를 낼 수 있도록 기여하는 것입니다. 도전과 성취의 짜릿한 경험을 신한금융투자에서 재현하고 싶습니다.

[부딪히며 배우다]

친구들과 섬을 여행하며 어려움을 극복하는 능력과 계획성을 키웠습니다.

무전여행이었기 때문에 모든 것을 직접 해결해야 했습니다. 식사를 위해 식당에서 서빙을 하고 숙소 일을 도운 후 잠을 자며, 극한 상황에서도 능동적으로 해결하는 능력을 키웠습니다.

또한 날씨로 인해 배가 연착되고 교통편이 많지 않은 상황에서 철저하게 일정을 계획하며 무사히 여행을 마쳤습니다. 급변하는 경제 환경에 철저한 계획으로 대비하고 어려움을 직면해도 근성 있게 해결하는 신한금융투자인이 되겠습니다.

Part 5
이력서 작성 시 유의사항

• • •

이력서란 지원자 자신의 능력과 경험을 체계적으로 정리한 문서로서 자기홍보를 위한 광고라고 할 수 있다. 이력서는 구직자와 채용담당자와의 첫 만남이라고 할 수 있으므로 구직자는 정성을 다해 상품으로서의 자신을 알릴 필요가 있다. 이력서는 자신의 가치를 평가받는 아주 중요한 마케팅 도구이므로 자신의 실력을 잘 드러내 보여 긍정적인 첫인상을 남길 수 있도록 해야 한다. 아래의 이력서 샘플을 통해 채용담당자들이 지원자들로부터 어떤 점을 궁금해 하는지 알아보고, 이력서 작성의 방향과 예상 면접질문에 대해 살펴보자.

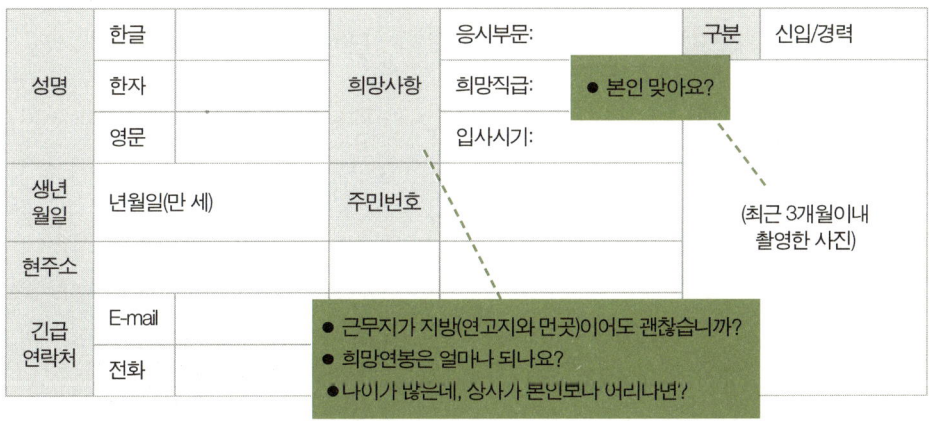

성명	한글		희망사항	응시부문:		구분	신입/경력
	한자			희망직급:	● 본인 맞아요?		
	영문			입사시기:			
생년월일	년월일(만 세)		주민번호			(최근 3개월이내 촬영한 사진)	
현주소							
긴급연락처	E-mail		● 근무지가 지방(연고지와 먼곳)이어도 괜찮습니까? ● 희망연봉은 얼마나 되나요? ●나이가 많는데, 상사가 본인보나 어리나면?				
	전화						

	기간	학교명	졸업여부	전공	부전공	학점	소재지
학력	년 월 부터 년 월 까지	고등학교					
	년 월 부터 년 월 까지	대학 대학교					
	년 월 부터 년 월 까지	대학 대학교					
	년 월 부터 년 월 까지	대학 대학교					
동아리 및 과외활동							

● 편입했네요? 고등학교 때 공부 못했나봐요?
● 학점이 왜 이런가요?
● 전공과 다른 부문에 지원하는 이유가 뭐죠?
● 대학원은 갔나요?
● 공백 기간 동안은 뭘 했나요?

나이가 많은데, 상사가 본인보다 어리다면 어떻게 하겠어요?

실제 나이가 많은 지원자라면 자기소개서 작성 시 나이와 관계없이 대인관계가 원만하다는 구체적인 사례를 제시하면 채용담당자의 우려 사항을 해소할 수 있다.

[예상 질문]

학점이 왜 이런가요?

자기소개서 작성할 때 지원 분야를 위한 일관된 노력과 열정을 반드시 어필해야 한다. 단순한 경험의 나열이 아니라 각 경험의 연관성을 보여주어야 한다. 예를 들면, "경영학을 공부하면서 궁금했던 점은 '실제 비즈니스 세계는 어떻게 움직이고 있는가?'라는 것이었습니다. 실제 비즈니스를 경험하고 싶어서, 대학교 3학년 여름방학 때 무역회사에서 파트타임으로 2개월 근무했습니다. 수출입 업무를 하면서 무역에 대해 점차 관심을 갖게 되었고 전문성을 키우기 위해 무역관련 자격증을 취득하게 되었습니다. 이러한 경험을 바탕으로 최근 무역협회에서 주관하는 무역 공모전에 지원해서 동상을 수상하게 되었습니다."

	자격 및 면허	등급	취득일
자격증			

● 왜 자격증이 없나요?
● 왜 이 자격증을 취득했죠?
● 자격증이 쓸데없이 많은 거 아닌가요?
● 희망 직무와 이 자격증이 무슨 상관이 있죠?

	명칭	기관(단체)명	일자	내용
상별 내용				

해외 연수 교육 여행 등의 경험	● 본인이 왜 좋은 점수를 얻었다고 생각하나요? ● 왜 해외연수를 다녀왔죠? ● 해외 연수를 통해서 어떤 도움이 되었다고 생각하나요? ● 기억에 남는 에피소드는 뭐가 있나요? ● 이 때의 상황을 설명해보세요.

[예상 질문]

불필요한 자격증이 많은 거 아닌가요? 희망직무와 이 자격증이 무슨 상관이 있죠?

채용담당자라고 해서 모든 자격증과 희망직무와의 관련성을 구체적으로 알고 있는 것은 아니다. 지원자들은 희망직무 분석을 통해 자격증이 직무수행에 도움이 수 있는 영역을 찾아내야 한다. 자격증 취득이 취업에 득이 되는 유일한 방법은 희망직무와의 관련성을 제시할 수 있을 때이다.

왜 해외 연수를 다녀왔죠? 해외 연수를 통해서 어떤 도움이 되었다고 생각하나요?

지원자들이 자기소개서에서 흔히 범하게 되는 실수는 어떤 일에 대한 '동기'가 명확치 않다는 점이다. 해외연수를 다녀온 이유는 무엇이고, 그 경험이 지원 분야에 어떻게 활용될 수 있을지를 분명히 밝혀야 한다.

	기간	직장명(직위)	담당업무
경력	~		● 이전 회사에서 구체적으로 무슨 업무를 했나요? ● 이전 경력이 희망직무와 어떤 관련이 있나요? ● 회사를 왜 이렇게 많이 옮겼죠? ● 경력에 일관성이 없네요?
	~		
	~		

	외국어명	관련시험 점수 및 능력수준	컴퓨터	
외국어			● 영어 공부 한 거 맞아요? ● 영어로 (본인의 10년 후에 대해) 얘기해 보세요. ● 컴퓨터 활용 수준은 어느 정도 되나요?	

병역	군필 ☐	년 월~ 년 월(개월)		면제	면제 사유	입영예정일자
		군별/병과	계급			

- 군제 면제 받은 이유가 뭐죠? 보충역인 이유는?
- 건강이 안 좋은 거 아닌가요?
- 군대에서 가장 힘들었던 일은 뭔가요?

외국어	신장	체중	시력	혈액형	신체장애유무
	cm	kg	좌: 우:		

- 특기가 이거 말고는 없어요?
- 취미가 특이하네요. 설명 좀 해 보세요.

취미	

[예상 질문]

경력에 일관성이 없네요?

희망직무를 위해 일관성 있게 경력을 쌓아 왔다는 근거를 제시할 수 있어야 한다. 예를 들면 백화점, 패밀리 레스토랑, 의류 브랜드숍 경력의 공통점은 '고객의 접점'에서 근무했다는 것이다. 희망직무가 서비스를 중시하는 업종이라면 서비스 마인드, 또는 고객지향 사례를 통해 경력이 일관되었다는 점을 강조할 수 있다.

영어공부 한 거 맞아요?

어학점수가 낮더라도 실망은 금물이다. 영어점수와 영어활용 능력에는 많은 차이가 있다. 지원자가 할 수 있는 최선의 선택은 영어 인터뷰를 철저하게 준비해서 영어 활용능력을 면접위원들에게 직접 보여주는 것이다.

Part 6

자기소개서 작성에
도움이 되는 글

• • •

1. 리더십

'어떤 CEO가 내게 말했다. 자신의 리더십 비결은 가능한 빠른 시간 안에 많은 실수를 하고, 그렇게 해서 그런 실수를 더 이상 저지르지 않는 역량을 갖추는 것이라고 말이다. 또 다른 사람은 실수는 "다른 것들을 할 수 있는 또 다른 길"에 지나지 않는다고 말했다. 이들은 잘 풀리지 않는 일을 통해 뭔가를 배운 것이다. 그것은 실패가 아니라 그저 한 단계에서 다음 단계로 나아가는 것에 불과했다. _ 워렌 베니스'

A Chief says 'I', But A Leader says 'We'.

 - 상관은 '나는'이라고 말하고 리더는 '우리는'이라고 말한다.

A Chief knows 'How to do', A Leader teaches 'How to do'.

 - 상관은 방법을 알고 있지만, 리더는 방법을 가르쳐 준다.

A Chief scolds 'Fault', A Leader corrects 'Fault'.

 - 상관은 '잘못을 꾸짖기'만 하고 리더는 '잘못을 고쳐'준다.

A Chief depends on 'Authority', A Leader depends on 'Cooperation'.

- 상관은 '권위'에 의존하고, 리더는 '협동'에 의존한다.

A Chief makes a man 'work', A Leader takes the 'Lead'.

- 상관은 부하를 부리려고만 하고, 리더는 앞장서서 솔선수범한다.

A Chief makes work 'Hard', A Leader makes 'Fun'.

- 상관은 일을 고역스럽게 만들고, 리더는 일을 재미있게 만든다.

A Chief asks 'Obedience', A Leader inspires 'Respect'.

- 상관은 상사에 대한 무조건적인 복종을 원하지만, 리더는 존경심을 불러일으킨다.

2. 문제해결 능력

일을 올바르게 처리하는 것은 어렵지 않다. 문제는 무엇이 올바른지 아는 것이다. 일을 처리하는데 있어서 가장 중요한 원칙이 무엇인가? 대다수 사람들은 일을 성실히 잘해내는 것이라고 말한다. 물론 맞는 말이다. 그런데 그보다 더 중요한 원칙이 있다. 그것은 바로 '내가 하는 일이 옳은 일인가?'이다.

시인이자 독립운동가인 만해 한용운은 이런 말을 남겼다.

'어떤 일을 하려고 할 때 어려운지 쉬운지, 성공할지 실패할지 보다 더 중요한 것은 그 일이 옳은 일인가 그른 일인가를 먼저 판단하는 것이다. 아무리 성공하는 일일지라도 옳지 않은 일은 결국 폐망에 이르기 때문이다.'

3. 시간관리

세상에서 가장 희소성 있는 자원은 시간이라고 한다. 시간 관리의 핵심은 시간을 낭비하지 않는 것이다. 시간을 낭비하지 않는 유일한 방법은 시간을 의미 있고 가치 있는 시간으로 만드는 것이다. 이제까지의 경험에 가치를 부여하라. 그러면 낭비된 시간은 존재하지 않는다.

4. 성공

성공하는 가장 빠른 방법은 실패를 빨리 해보는 것이다. 사실 인생 초기의 실패는 절대로 실패하지 않아야 한다는 압박감에서 자신을 자유롭게 해준다.

'젊었을 때, 나는 열 가지 중에서 아홉 가지를 실패했다. 나는 실패하고 싶지 않았고, 그래서 일을 열 배나 더 많이 했다. _조지 버나드 쇼'

5. 실수와 실패

실수란 한층 분명한 판단력으로 다시 시작할 수 있는 기회일 뿐이다. 분명한 이유가 있어서 실수를 저질렀을 때, 그런 실수들은 나를 화나게 하지 않는다. '나는 이렇게 생각했고, 이런 이유로 말미암아 이런 결정을 했다'고 말할 수 있다면, 그리고 비록 그 결과가 좋지 않더라도 합리적인 사고의 과정을 거쳐 그 결과에 도달한 것이라면, 그것은 아무 문제가 되지 않는다.

'당신이 경계하고 지켜봐야 할 사람들은 왜 그것을 했는지, 무엇을 했는지에 대해 설명조차 할 수 없는 사람들이다. _프랭크 게인스'

'넘어질 때마다 무엇이든 주워라. 실패한 적이 없는 사람은 결코 새로운 일을 시도해보지 못한 사람이다. _앨버트 아인슈타인'

6. 좋은 아이디어

좋은 아이디어란 많은 아이디어를 내는 것에서 출발한다. 좋은 아이디어가 떠오르기를 기대한다면 좋은 아이디어란 존재할 수 없는 것이다. 요즘은 모두 스마트폰을 가지고 다닌다. 머릿속에 아이디어가 떠오르면 적고, 눈에 보이면 찍고, 귀에 들리면 녹음하라.

'아이디어와 예술은 모두 표절이 아니면 혁명이다. 처음에 엉뚱한 것으로 보이지 않는 아이디어라면 희망이 없는 것이다. _앨버트 아인슈타인'

7. 여행

우리는 일상에 변화를 주고 싶으면 여행을 떠난다. 여행을 좋아하는 사람은 일종의 변화를 좋아하는 사람이다. 그러나 좋은 여행가는 풍경을 보고 감탄하는 사람이 아니다. 진정한 여행가는 그가 여행하는 곳에서 항상 자신만의 세계를 창조해낸다. 세상을 바라보는 새로운 시각을 창조해 낸다.

8. 위기

위기는 사람을 지혜롭게 만든다. 위기 속에서 자신이 어떻게 대처하는지, 그리고 자신이 어떤 사람인지 발견하게 되기 때문이다. 우리는 위기를 통해 한층 성숙해진다. 따라서 위기에 대처하는 최선의 방법은 피해가는 것이 아니라 당당히 맞서는 것이다. 그러나 실수가 위기가 되도록 방치해서는 안 된다. 자칫 삶을 파괴하기도 한다.

9. 인생

인생은 흐르는 것이 아니라 채워지는 것이다. 그대의 모든 순간을 소중하고 가치 있는 그 무엇으로 채우라. 매 순간을 추억으로 남겨라. 이러한 노력 하나 하나가 모여서 행복한 삶을 채우게 된다. 참된 행복은 눈에 보이지 않는다. 자신의 일상에 만족하고 일상 속에서 기쁨을 발견하는 사람에게만 찾아온다.

10. 톨스토이의 '이 세상에서 가장 중요한 3가지'

세상에서 가장 중요한 순간은 지금 이 순간이며,

세상에서 가장 중요한 사람은 지금 곁에 있는 사람이다.

그리고 세상에서 가장 중요한 일은 바로 지금 곁에 있는 사람을 위해 하는 좋은 일이다.

11. 톨스토이의 '지금'

지금 하십시오. 내 뜰에 꽃을 피우고 싶으면 지금 뜰로 나가 나무를 심으십시오. 내 뜰에 나무를 심지 않는 이상 당신은 언제나 꽃을 바라보는 사람일 뿐, 꽃을 피우는 사람은 될 수 없으니까.

지금 말하십시오. 사랑하고 싶으면 사랑한다고 말 하십시오.

표현되지 않는 사랑으로 그를 내 곁에 머무르게 할 수 없습니다.

사랑의 목소리가 어디선가 들려오면 그는 그곳을 향해 아무런 아쉬움 없이 떠날 테니까.

지금 사랑하십시오. 행복한 가정을 만들고 싶으면 지금 가족을 사랑하십시오. 부모님은 아쉬움에 떠나고 아이들은 너무 빨리 커버려 사랑을 전할 시간이 얼마 남지 않았으니까.

지금 전하십시오. 그리운 이가 있으면 지금 편지를 쓰십시오. 지금 편지를 보내지 않으면 당신에 대한 그의 기억이 날마다 작아져 다음 편지가 도착할 쯤에는 당신의 이름마저 생각나지 않아 편지를 반송할지도 모르니까.

지금 시작하십시오. 하고 싶은 일이 있으면 지금 시작 하십시오. 지금 그 일을 시작하지 않으면 그 일은 당신으로부터 날마다 멀어져 아무리 애써 손을 뻗어도 닿지 않는 날이 가까이 다가오고 있으니까.

지금 뿌리십시오. 좋은 사람이 되고 싶으면 지금 좋은 생각의 씨앗을 마음의 밭에 뿌리십시오. 지금 뿌리지 않으면 내 마음 밭에는 나쁜 생각의 잡초가 자라 나중에는 애써 좋은 생각의 씨앗을 뿌려도 싹조차 나지 않을지도 모르니까.

Chapter
3

유형별
면접전략

Part 1
역량면접과 면접 노하우

• • •

1. 역량면접이란?

역량면접(Competency Based Interview)은 쉽게 말하면 과거의 행동으로 미래의 행동을 예측하는 면접 기법이다. 달리 말하면, 과거의 성과를 통해 미래의 성과를 예측한다는 뜻이다. 기업들은 평가하고자 하는 역량들을 사전에 정하고, 각 역량을 평가하기 위한 질문을 설계한다. 질문은 여러 하부 질문 세트로 구성되어 있다.

예를 들면, '동아리 활용에 대해 말해보라'는 질문에 몇 개의 하부 질문 세트가 있다.

① 동아리 활동을 하게 된 동기
② 어떤 역할을 했는지
③ 어떤 어려움이 있었는지
④ 어떻게 극복할 수 있었는지
⑤ 동아리 경험을 통해 얻은 성과는 무엇이었는지
⑥ 지원 직무에 어떻게 활용될 수 있는지

①~⑥ 하부질문에 대한 모든 답변을 하나의 스토리 형식으로 답변하면 역량면접

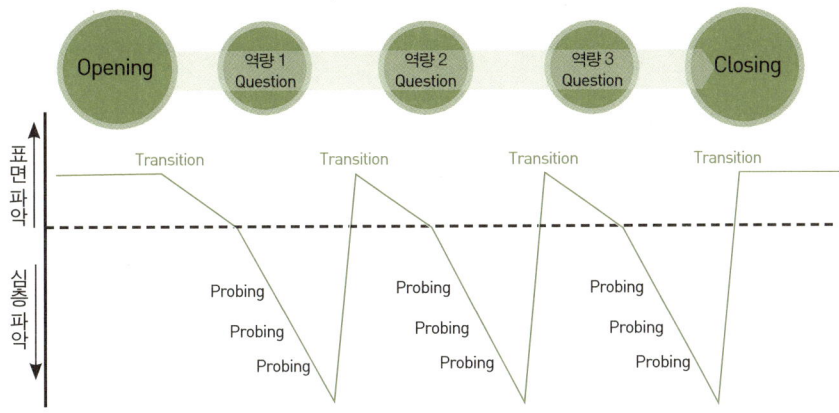

에 효과적으로 대비할 수 있다. 아래의 그림에서 볼 수 있듯 꼬리에 꼬리를 무는 질문(Probing) 형태로 질문을 하게 된다. 만일 단편적인 답변을 하면, 계속해서 관련 질문을 받게 된다.

면접질문은 크게 세 가지 유형으로 나뉜다. 첫째는 '인성질문 유형'이다. 지원자의 태도, 가치관, 성격 등을 평가한다. 둘째, '업무수행 능력'을 묻는 질문유형이다. 직무에 지원하기 위해 준비해온 과정을 평가하기 위한 질문이다. 마지막으로 새로운 환경(조직과 사람)에 잘 적응할 수 있는지를 평가하는 질문 유형이있다. 가장 효과적인 답변은 직무에 Focus하여 인성과 조직적합성을 어필하면 좋은 결과를 기대할 수 있다.

2. 4대 기업 임원들이 밝힌 면접 전형 노하우

지난해 12월 서강대에서는 국내 4대그룹 삼성, LG, 현대자동차, SK 인사 담당 임원들이 한자리에 모여 구직자들과 직접 '토크 콘서트'를 벌였다. 아래의 인사담당자들의 면접 노하우를 통해 각 기업들은 어떤 인재를 선호하는지 알아보자.

삼성 임원

"답변에 확신이 생길 때에는 반드시 면접관과 눈을 맞춰야 한다. 실제 면접에서 자신감이 없는 지원자는 눈을 자기도 모르게 피하더라"는 사례를 얘기했다.

LG 임원

"면접에서 진솔하게 표현해야 한다. 정답을 말하는 게 아니라 진실을 말해야 한다"고 밝혔다. "생활고를 겪는 한 입사지원자가 건설현장에서 아르바이트하면서 중장비 기사 자격증을 땄다는 말에 큰 감동을 받은 적 있다"며 "그냥 아르바이트비만 챙기는 게 아니라 주어진 환경 속에서도 가장 의미 있는 일을 찾는 인재를 선호한다"고 강조했다.

현대자동차 임원

"면접을 볼 때 얼굴을 보지 않고 목소리만 들을 때가 있다. 목소리에 집중하기 위해서다"라면서 "단순히 말을 잘하는 것보다 자신감 있게 말하는 게 더 좋다"고 전했다. 또 "면접 도중 편한 분위기를 연출하고 질문을 던질 때가 있는데 그게 바로 함정이다. 오히려 그런 질문이 면접의 핵심"이라고 덧붙였다. 기업이 선호하는 인재상에 대한 사례를 말하며, '살아갈 때 행복하려면 무엇이 필요할까'라는 질문에 '세상을 바라보는 시선'이라고 답해 그 지원자를 합격시켰다"며 "가족이나 애인, 돈 등 외부에서 답을 찾는 게 아니라 자신을 먼저 돌아보는 인재이기 때문"이라고 밝혔다.

SK 임원

"면접 전형에서 1시간 동안 삶에서 어떤 시련을 겪었는지 추궁하는 단계가 있다"며 "본인을 돋보이게 하고자 시련을 부풀리는 경우가 있는데 대부분 들통 나고 만다"고 밝혔다.

Part 2
인성면접

● ● ●

면접이란 최종적으로 사람의 됨됨이(인성)와 역량을 평가하는 과정이다. 우선 질문의 의도를 정확히 파악하고, 그에 따른 답변을 준비하는 것이 중요하다. 무엇보다 희망기업 입사를 위한 '진실함'과 '열정'이 묻어나야 한다.

1. 인성면접 질문의 의도와 대책

지원하게 된 동기는 무엇입니까?

① 의도
목표기업을 정하지 않고 입사지원서를 남발하는 '묻지마 지원자'를 가려내기 위한 질문이다. 진심으로 회사에 공헌할 의지가 있는지, 아니면 단순히 회사가 제공하는 안정과 혜택에만 관심이 있는지 평가할 수 있는 질문이다. 이 질문을 통해 '지원 자격'을 갖추기 위해 꾸준히, 일관성을 가지고 준비해온 열정을 엿볼 수 있다.

② 대책

업종과 직무를 중심으로 그 동안 일관되게 준비해 왔다는 점을 강조하라.

- 회사에 대한 정보 자료 수집 여부를 파악 (회사연혁, 사훈, 경영이념, 가치관, 회사의 대
  표사업모델, 회사의 자체적 능력개발에 대한 제안, 상품, 기업문화 등)
- 회사업무 및 당면문제 등을 해결하는데 적절한 능력과 경력을 갖추고 있음을 언급한다.
- 특정 분야에 경험, 경력, 자격이 없다면 이 일에 대한 열정을 강조하여야 한다.

5년(10년) 후의 당신의 비전은 무엇입니까?

① 의도

목표 없이 입사해서 타성에 젖은 직장인으로 전락할 사람을 걸러내기 위한 질문이다.

② 대책

목표를 이루기 위해 지원자의 노력과 진지함을 묻는 질문이므로 확고한 장 · 단기 목표와
그 목표를 이루기 위한 구체적인 계획을 제시한다. 직무전문성을 어느 수준까지 높여서
어떤 직급에서 조직에 기여할 것인지 세부적으로 정리한다.

우리가 당신을 꼭 뽑아야 하는 이유는 무엇인가?

① 의도

취업을 위해 기울인 일관되고 치열한 노력과 타사에서도 탐낼 정도의 인재인지 보여 달
라는 의도이다.

② 대책

다른 질문에 비해 조금 추상적인 질문이므로 의도에 맞는 답변을 자신감 있게 준비한다.

사회활동 경험을 이야기해 보시오.

① 의도

'은둔자'나 '외톨이'를 걸러내고, 봉사정신과 주변에 대한 배려심, 돋보이는 독특한 경험
을 발굴하고자 하는 질문이다.

② 대책

봉사활동, 전문가 동아리 등 조직에서 선호하는 사회 경험을 목적성을 가지고 활동한다.

조직경험이 있는지, 그리고 조직 내에서 어려움을 극복한 사례가 있는지?

① 의도

주위와 어울리지 못하는 '외톨이 유형'인지, 수동적인 성격인지 탐색하려는 질문으로 해석된다.

② 대책

조직경험이 없다면 조직에 참여하고 주도적으로 일을 벌인 경험을 제시한다.

당신의 장점은 무엇입니까?

① 의도

장점이 지원 분야(직무)에서 잘 활용될 수 있는지를 파악하려는 질문이다.

② 대책

회사가 중요하게 생각하는 가치와 지원자의 답변과의 연관성을 파악한다. 지원자의 장점을 통해 수행한 부분이 무엇인지를 판단할 수 있다. 업무와 연결된 열정, 책임감 등의 실례를 제시한다.

당신의 단점은 무엇입니까?

① 의도

업무 수행에 있어 문제가 될 수 있는지를 파악하려는 의도이다.

② 대책

업무를 수행하는데 문제가 될 만한 단점은 언급하지 않는 것이 좋다. 약점으로 여겨질 수 있는 지원자의 '단점'을 최대한 '강점'화 시켰는지를 살펴보는 질문이므로 지원자가 업무를 수행하는데 어떤 작은 단점이라도 극복할 자신이 있음을 어필하는 것이 중요하다.

실패한 경험이 있는가? 그것에서 얻은 교훈은?

① 의도

한 번도 실패를 경험하지 않은, 새로운 시도와 도전을 해보지 않은 지원자를 걸러내려는 의도의 질문이다.

② 대책

용기를 발휘해 도전한 사례를 준비한다. 가급적 지원 직무와 관련된 교훈으로 준비하되 구체적이고 명확해야 한다.

취미나 특기가 있는가?

① 의도

강점 또는 장점을 통해 지원자의 사회성을 엿보기 위한 질문이다.

② 대책

직무에 적합한 취미나 특기를 발굴하고 그를 통해 얻은 보람과 만족감을 정리해 두면 도움이 된다.

2. 인사담당자의 조언

현대자동차

수 만 명의 지원자가 모두 자신의 스펙을 자랑해야 경쟁이 된다고 생각하는데 사실 감동적인 메시지를 주는 것이 더 중요하다. 어느 한 곳을 지원하더라도 '내가 이 회사에 왜 지원해야 하는지, 어떤 일을 하고 싶은지'를 신중히 고민해야 한다. 현대자동차의 경우 최대의 인력을 투입해서 지원자들이 제출한 자기소개서를 모두 읽어보는데 지원 동기에 대해 고민을 하지 않은 일명 '붙여넣기'식 자소서는 절대 감명을 줄 수 없다.

KB국민은행

입행을 희망하는 취업준비생들은 자기소개서에 자신만이 갖추고 있는 특성과 열정, 준비한 노력들이 KB의 비전과 인재상에 어떻게 부합될 수 있는지를 어필하는 동시에 인문학적 소양을 통해 통찰력과 분석적 사고력을 기르는 것이 좋다.

1차 면접을 블라인드 테스트로 진행하는 우리은행에 합격하기 위해서는 원활한 대인관계를 기를 필요가 있다. 1차 면접에는 본점과 지점의 실무진들이 지원자에 대한 사전정보 없이 인성면접과 집단토론을 진행하는데 이때 조직에 융합될 수 있는지를 가장 중점적으로 보기 때문에 이에 주력하면 좋은 결과가 있을 것이다.

[인성면접 평가표 샘플]

구분	Feed Back	평가	비고
개인 품성		A B C D E	
대인관계		A B C D E	
주인의식		A B C D E	
적극성/열정		A B C D E	
종합 평가			
※ 평가결과	A+ A B+ B B- C D Excellent ←　　　　　　　 → Poor		

Part 3

토론면접

• • •

토론면접의 목적은 구직자 간의 대화를 통해 커뮤니케이션 능력, 말하는 태도, 설득력, 협상력 등의 종합적인 능력을 평가하기 위한 면접방식이다. 회사에서는 토론이 없으므로 회의하는 형식으로 진행하는 것이 좋다. 우선 상대방의 의견을 경청하는 태도를 보여주고, 입장이 다를 때에도 서로 비난하며 편을 가르기보다는 이를 수용하고 협상력을 최대로 발휘하는 것이 중요한 평가요소이다.

1. 토론면접의 대응 방안

토론면접을 준비하기 위해서는 아래 세 가지 관점에서 대응 방안을 마련하는 것이 효과적이다.

(1) 토론면접의 핵심은 토론을 하지 않는 것이다.

마치 회의를 하듯 견해를 잘 듣고 존중하는 것이다. 상대방의 말을 경청하고 의견을 존중하고 있다는 것을 보여주기 위해 필기를 하거나 고개를 끄덕이는 모습을 보여주는 것이 중요하다. 지나친 경쟁 심리를 지양하고 다른 지원자에 대한 적절한 배려가 필요하다. 자신의 주장에 대해 조리 있게 발언하되 흥분하거나 논점을 이탈하는 것은 금물이다. 논리적 사고를 통해 적절한 근거와 예시를 활용하는 것이 좋은 평가를 받을 수 있다.

(2) 사회자가 지정된 토론면접이면 사회자의 역할이 절대적이다.

사회자 또는 리더의 역할이 절대적인 이유는 몇 가지로 해석할 수 있다. 우선 핵심 쟁점을 토론 참가자에게 미리 알려줄 수 있다는 점이다. 또한 토론 중간에 이제까지 논의된 내용을 중간 정리하면서, 참가자들에게 생각할 수 있는 시간을 벌어줄 수 있다.

(3) 토론에서 논의된 사항을 정리하고, 합의에 도달할 수 있어야 한다.

2. 토론면접 시나리오

토론면섭에 대한 선반적인 시나리오 구상이 중요하다. 아래의 사례를 통해 토론면접의 흐름을 파악하고 자신만의 시나리오를 만들어 보라.

토론 시작
● 오늘의 주제는 ○○○입니다.
● 우선 찬성 측 의견을 들어보겠습니다(반대 측도 발언권을 얻어 반론에 들어간다).

토론 중간
● 지금까지 토론된 내용을 정리하겠습니다.
● 찬성 측은 A, B, C 의견을 냈고, 반대 측은 D, E, F 의견을 냈습니다.
● 이번에는 경영관점에서 접근해 보겠습니다.
● 이번에는 반대 측 의견부터 들어보겠습니다.

토론결론
● 마지막으로 찬반 측 상호 간의 좋은 타결점이 있는지 논의해 보겠습니다.
● 우선 찬성 측 의견을 들어보겠습니다. 다음은 반대 측 의견 들어보겠습니다
● 이제까지 토론내용을 종합해 보면 ○○○입니다. 혹시 추가로 말씀하실 분 있습니까?
● 결론적으로 ○○○하는 것으로 합의를 이루었습니다. 이것으로 토론을 마칩니다.

3·어떻게 준비할 것인가? (합격자 사례)

"얼마 전 금융권의 합숙면접에서 토론면접을 경험해 보았습니다. 하지만 실제로는 토론이라기보다는 자신의 주장을 보여주는 자리였다고 생각합니다. 격렬한 토론이 벌어지지 않았던 이유는 어떤 사안에 대해서 한쪽의 입장만을 고수한다는 이미지는 기업의 입장에서 별로 탐탁지 않을 것이기 때문입니다. 기업은 자신의 신념을 지니고 있는 사람과 일하고 싶어 하는 동시에 기업이라는 조직에서 잘 적응할 수 있는 인재를 뽑으려고 합니다. 그러므로 아무리 주장이 타당하고 합리적이라고 하여도 다른 사람들과의 타협점을 찾으려고 노력하지 않는 사람은 뽑지 않으려고 할 것입니다. 때문에 토론면접에서 합리적인 논거를 바탕으로 주장하되 나와 다소 생각이 다른 지원자가 나를 공격하더라도 그것을 수용하는 자세를 취하는 것이 좋은 방법이라고 생각합니다."

[토론면접 평가표 샘플]

역량	구분	Feed Back	평가	비고
협동성	공동목표 달성을 위해 유용한 정보를 동료들과 공유하고 자발적으로 협력하는 역량을 보유하고 있는가?	● 문제 상황에 대한 공동의 목표를 강조한다 ● 자신의 실수나 오판에 대해 인정하고 수정하려 한다 ● 상대방의 옳은 주장에 대해 인정하고 칭찬한다 ● 구성원들의 토의 참여(예:의견 제시)를 유도한다 ● 상대방이 기여할 수 있도록 돕는다 ● 앞 사람의 이야기를 발전시킨다	A B C D E	
전문성	주어진 역할과 관련해 필요한 지식 및 능력을 적절히 활용할 수 있는 역량을 보유했는가?	● 주제와 관련된 풍부한 지식(사례, 자료, 연구지식 등)을 가지고 있다 ● 효과성/효율성 측면에서 아이디어를 검토한다 ● 제시 상황에 적합한 전문용어를 적절히 구사하고 있다	A B C D E	
창의성	발상의 전환을 통해 새로운 관점에서 획기적이고 다양한 아이디어를 제시하는 역량을 보유했는가?	● 다양한 관점에서 현상을 바라본다 ● 제시상황에 대해 다양한 아이디어를 제시한다 ● 아이디어가 독창적이다 ● 타인의 일반적인 의견을 수용, 새로운 아이디어로 개발한다 ● 자신 또는 타인의 아이디어를 실현 가능한 형태로 구체화 한다	A B C D E	
의사 소통	상대방의 이야기를 주의 깊게 경청하며 상대의 의도나 상황을 정확히 이해하고 자신의 생각 및 태도, 아이디어, 정보를 명확하고 간결하며 논리적으로 전달할 수 있는 역량을 보유했는가?	● 토론에 적극적이다 ● 적절한 목소리 톤, 제스처 등을 사용한다 ● 전달하려는 메시지가 간결하고 분명하다 ● 자신감이 있다	A B C D E	
		● 상대의 말을 중간에 자르지 않고 끝까지 경청한다 ● 대화할 때, 상대방과 적절한 eye-contact을 유지한다 ● 대화할 때, 적절한 비언어적 반응(예: 고개 끄덕임)을 보인다 ● 상대방의 의견이 명확히 이해되진 않을 경우, 적절한 시점에 질문을 한다	A B C D E	
		● 일정한 논리적 흐름을 가지고 이야기를 전개한다 ● 주장의 근거를 제시한다 ● 상대방의 주장을 논리적으로 재해석한다	A B C D E	
종합평가				
※ 평가결과		A+ A B+ B B- C D Excellent ← → Poor		

Part 4

PT면접

. . .

1. 왜 PT면접을 실시하는가?

많은 기업이 PT면접 비중을 강화하고 있다. PT면접을 통해 기획력, 논리성, 창의성, 설득력 및 문제해결 능력 등 다방면에 걸친 직무역량을 평가할 수 있기 때문이다. PT면접을 준비하기 위해서는 아래 세 가지 관점에서 대응방안을 마련하는 것이 효과적이다.

- 발표 주제를 받으면 먼저 '의도'를 분석한다.
- 목차(제목)를 정한다. 일반적으로 목차는 현황분석, 대응방안, 기대효과로 구성된다.
- 이 중에서 가장 중요한 것은 '대응방안' 이다.

(1) 기업 입장에서 PT면접이란 무엇인가?

입사 지원자의 모든 역량을 짧은 시간에 확인할 수 있는 매우 효과적인 방법으로 변별력을 높일 수 있는 최선의 대안으로 평가받고 있다. 지원 기업에 관심을 갖고 충실히 준비한 지원자를 선별할 수 있는 면접방식이다.

(2) 기업의 입장에서 PT면접을 통해 파악하고자 하는 것은?

● 주제에 대한 명확한 이해와 핵심을 잘 파악하고 있는가?

● 주제에 관한 자신만의 주장이나 대안, 생각 등을 논리적으로 전개하고 설득력 있게 이야기할 수 있는가?

● 발표 자료의 구성능력과 표현능력은 적절한가?

● 질의응답을 통해 입사지원자의 답변 수준이 창의적, 전략적, 논리적 사고에 기 반을 두고 있는가?

2. PT면접전략: 어떻게 준비할 것인가?

(1) 전공, 시사상식, 지원한 기업에 관련된 질문에 대비한다.

(2) 문제 난이도에 상관없이 잘할 수 있는 주제를 선택한다.

(3) 결론부터 말하고 나서 근거를 제시하고, 마무리 하는 순으로 발표한다.

토론은 찬반논의지만, PT면접의 경우 대안을 제시하라는 경우가 많으며, 자신이 지원한 회사와 관련된 문제들이 주로 출제된다. 지원기업의 '산업, 회사, 직무 등의 관련 이슈'들을 중심으로 준비하는 것이 효과적이다.

PT면접은 구체적 사례를 근거로 자신의 의견 또는 주장을 논리적으로 설명하는 것이 중요하다. 그리고 "짧은 시간 동안 들어주서서 감사합니다. 궁금하신 것이 있 으면 답변 드리겠습니다." 라는 마무리 인사말도 잊지 말아야 한다.

3. PT면접 후기

"많은 분들의 고민이 PT면접과 토론 면접입니다. 거의 모든 곳에서 PT면접과 토론면접을 시행하고 있습니다. 자신 있게 확신을 가지고 말씀드릴 수 있습니다. PT면접과 토론면접을 시행하는 이유는 지원자의 전문성을 보기 위해서가 아닙니다. 기업에서는 학부생에게 절대 전문적인 것을 요구하지 않습니다. PT면접과 토론면접에서 요구하는 것은 전문적인 업무능력보다는 논리력과 사고력, 그리고 인성입니다. 저는 항상 PT면접과 토론면접에서 면접관들과 팀원들에게 좋은 평가를 받았습니다. 전문적인 지식도 없던 제가 좋은 평가를 받았던 이유는 'LG하우시스' 면접의 실패 때문이었습니다. 당시 물류에 관한 지식이 없었음에도 불구하고 어려운 용어들과 씨름하며 면접을 산으로 끌고 가던 저에게 면접관님이 한마디 하셨습니다. "우리는 자네에게 전문적인 지식을 요구하지 않는다네."

이 말을 듣고 정말 부끄러웠습니다. 그래서 다음 면접부터는 면접관들 앞에서 초등학생이 들어도 이해할 수 있을 정도로 쉽고 간결하게 PT를 진행하고 토론에 임했습니다. 이것은 적중했고 항상 좋은 평가를 받을 수 있었습니다. 어려운 말과 용어를 쓰는 것보다는 최대한 쉬운 말로 주장하고 설득을 펼치고 자신이 한 말을 초등학생도 이해할 수 있을 정도로 최대한 논리적이어야 한다는 것입니다. 무조건 '그렇다'가 아니라 친절하게 '왜'인지를 꼭 설명해야 합니다. 또한 신입사원으로서의 패기와 자신감, 그리고 열정은 항상 덤으로 함께 보여 드려야 합니다.

또 다른 팁을 드리자면, 첫마디가 중요하다는 것입니다. PT는 결론을 먼저 명확하게 제시하여 면접관들의 관심을 끌어 집중하게 하고, 토론은 자신이 먼저 발언하여 토론의 맥을 자신의 것으로 만드는 것도 중요합니다. 특히 토론은 다들 비슷한 수준의 지원자들이기 때문에 첫 발언으로 맥을 잡고 추후 사람들이 말하는 것을 듣고 논리적으로 반박하고 쉬면서 긴장감을 없애는 것이 좋습니다. 처음 토론에서 제대로 발언을 하지 못하면 후에 언제 그 토론에 들어갈 수 있을지 틈을 잡기가 쉽지 않을

겁니다. 발언을 먼저 한다면 중간 중간 발언 기회를 더 많이 잡을 수 있을 것입니다. 또한 다른 사람들의 의견도 경청할 수 있게 되어 좋은 평가를 받을 수 있을 것입니다."

[PT면접 평가표]

구분	평가내용	항목평가				종합평가
		탁월	우수	보통	부족	
작성 충실도 (구조, 내용)		S	A	B	C	
의사소통 능력 (발표력, 자세, 표정)		S	A	B	C	S / A / B / C
직무역량 (전공 관련 지식/전문성/경험/ 지원직무 이해도)		S	A	B	C	
종합평가						
※ 평가결과		A+ A B+ B B- C D				
		Excellent ← → Poor				

Part 5

난해한 면접 질문

• • •

1. 난처한(Brainteaser) 질문

이 질문들의 목적은 정답을 유추해 나가는 과정을 평가하기 위한 것이다. 정답이 없는 질문이므로 정답이 될 수 있도록 만드는 것이 중요하다. 때에 따라서는 통계와 가정(~이라면)을 이용해 논리적인 답변을 하는 것이 중요하다. 이러한 질문들은 유연한 사고와 창의력 평가를 목적으로 한다.

> **Q. 아이들을 웃게 하는 방법은?**
>
> A. 2가지 방법이 있을 것 같습니다. 아이가 부모와 함께 있으면, 아이를 칭찬 하겠습니다. 칭찬은 아이의 자존감을 높여줍니다. 뿐만 아니라 부모도 즐거워 할 것입니다. 부모가 가장 행복할 때는 아이가 칭찬 받을 때라고 합니다. 두 번째, 아이가 혼자 있을 때 함께 있어 주겠습니다. 아이들이 가장 행복한 순간은 함께하는 시간이라고 알고 있습니다. 그 시간을 좋은 기억과 추억이 될 수 있도록 하겠습니다.

Q. 서울 시내에 살고 있는 바퀴벌레 숫자는?

A. 바퀴벌레 숫자가 얼마인지는 누구도 알 수 없습니다. 다만 이렇게 말씀드릴 수 있겠습니다. 서울시의 인구가 1,000만 정도가 됩니다. 이중에 가구가 약 350만 이라고 가정하고, 1가구당 바퀴벌레가 100마리가 산다면 서울에 사는 바퀴벌레의 총 수는 3억 5,000만 마리가 됩니다.

Q. 애인이 기다리고 있는데 야근을 해야 한다면?

A, 먼저 갤럭시 S 로 사랑한다는 메시지를 보내겠습니다. 그리고 꽃을 사서 미안함의 메시지를 전달하겠습니다. 휴일에 그녀가 좋아하는 분위기의 식당에서 세상에서 가장 맛있는 음식을 먹은 후 세상에서 가장 재미있는 영화를 관람하겠습니다. 사람들이 가장 원하는 건 함께하는 소중한 시간이라고 합니다. 그녀만을 위한 소중한 추억을 남기겠습니다.

Q, 옆의 경쟁자를 칭찬해 보라.

A.면접은 자신의 진가를 표출하는 장입니다. 잘 들어보니, 지원자들 모두가 자신의 진가를 잘 어필했다고 생각합니다. 배울 점이 많았는데, 특히 지원 분야를 위해 노력해온 점에 많은 공감이 갑니다.

Q. 결혼 하고 나면 가정과 직장 중 어느 것을 더 중요하게 생각할 것인가?

A. 가정이란 가장 편안한 안식처라고 합니다. 가족과 함께 보낸 시간은 일의 능률과 생산성으로 이어집니다. 직장에서는 업무를 통해 만족과 보람을 느낄 수 있을 것입니다. 따라서 저는 가정과 직장을 모두 중요한 가치로 여기겠습니다.

Q. 본인이 희망하지 않는 지역으로 발령 나면 어떻게 하겠는가?

A. 저는 마케팅 분야에 관심이 많습니다. 마케팅을 어디에서 할 것인지는 중요하지 않다고 생각합니다. 마케팅 직무에서 고객의 가치를 창출하는 것이 더 중요합니다. 희망하지 않는 지역으로 발령이 나더라도 제 위치에서 고객가치 창출을 위해 성실히 일을 추진하겠습니다.

Q. 상사와 갈등이 있을 때 어떻게 하겠는가?

A. 갈등은 혼자 일으킬 수 없습니다. 갈등의 원인을 자신에게서 찾는 게 중요하다고 생각합니다. 먼저 제 자신의 문제점이 무엇인지 찾도록 하겠습니다. 그리고 상사가 어떤 느낌을 갖고 있었을지 돌이켜보겠습니다. 상사는 업무에 있어 멘토이자 옳은 생각과 옳은 방향을 제시하는 선배라고 생각하기 때문입니다.

Q. 통일 이후 북한에서 가장 번성하리라 예상되는 사업을 한 가지 제시한다면?

A. 자원개발 사업이라고 확신합니다. 지난 2011년 중앙일보 기사에 의하면 북한의 광물 매장량 잠재가치가 약 7천 조 원이나 된다고 알고 있습니다. 삼성전자는 희토류, 즉 희귀 광물 확보를 통해 제조원가를 절감할 수 있을 것입니다. 삼성계열사인 삼성물산은 자원개발 사업을 하고 있습니다. 삼성물산에 큰 비즈니스 기회가 될 수 있습니다.

Q. 미국과 FTA가 체결되면 우리 동네 세탁소의 운명은 어떻게 될 것이라고 생각하는가?

A. 제가 세탁소 사장이라면 SWOT분석을 하겠습니다. 기회요인과 장점, 기회요인과 단점, 위협과 강점, 위협과 단점, 4가지 매트릭스를 분석해 보고 비즈니스를 영위할 수 있다고 판단되면 투자를 할 것입니다. 분석결과 비즈니스 운영이 불가능하다면 FTA 수혜업종으로 업종을 전환할 것입니다.

Q. 사막이나 극지방을 여행하는데 필요한 세 가지는 무엇인가?

A. 첫째, 가이드가 필요하다고 생각합니다. 현지 정보를 잘 알 수 있기 때문에 위험의 순간에서 벗어날 수 있습니다. 또 말벗이 될 수 있기 때문입니다. 둘째, 밤이 되면 추워지기 때문에 몸을 따뜻하게 할 옷가지가 필요하다고 생각합니다. 마지막으로, 갤럭시 노트가 필요합니다. 여행기를 쓸 수 있고, 사진도 찍고, 감동의 순간을 기록에 남길 수 있기 때문입니다.

Q. 혼자 사막이나 극지방에 떨어져 있다. 필요한 세 가지는 무엇인가?

A. 내 위치가 어딘지 알기 위해서 GPS 수신기가 있어야 합니다. 내 위치가 파악되면 그다음으로 목적지로 가기 위한 지도와 나침이 필요합니다. 인생도 마찬가지라고 생각합니다. 자신의 위치를 바라볼 수 있어야 합니다. 지도와 나침반에 해당되는 '멘토'가 필요합니다. 책 또는 존경하는 사람 등이 멘토가 될 수 있습니다.

> **Q. 1에서 100까지 더하면 모두 얼마가 되는가?**
>
> A. 1에서 100가지 총 100개. 1과 100을 더하면 101. 2와 99를 더하면 역시 101이 됩니다. 총 50세트기 때문에 101 X 50은 5,050이 됩니다.

2. 자아상을 묻는 질문

자신을 어떻게 바라보는지를 묻는 질문으로 볼 수 있다. 자기분석을 통해 '자아상 (Self Image)'을 명확하게 하지 못한 지원자는 아래의 질문들을 답변하는데 어려움을 겪을 수 있다. 자신을 보다 냉철하게 평가해보고, 이제까지의 경험을 토대로 객관적 근거를 제시하여 자신의 가치 또는 진가를 표현하는 것이 중요하다. 실제 면접질문 사례는 아래와 같다.

- 자신이 얼마짜리 사람이라고 생각하나?
- 자신을 잘 표현할 수 있는 그림을 그려보라.
- 조직 내에서 어디까지 올라갈 것을 목표로 하는가?

Part 6

면접 합격 사례

• • •

1. 합격자 면접후기(농심, 코오롱 FM, GS 글로벌)

(1) 당부사항

① "크게 회사 분석, 주요이슈 정리, 영어면접 세 가지로 나누어서 준비를 했는데 인성면접에 대한 준비는 하지 않아서 인성 부분을 좀 준비할 필요가 있다고 생각하였습니다.

인성면접 준비라고 해서 특별하게 준비하기 보다는 어떠한 상황이 주어졌을 때 지원자 자신이라면 어떻게 판단할지에 대해서 꾸밈없이 원래 자신의 가치관이나 생각을 바탕으로 한 번 생각하는 시간을 가지면 좋을 것 같습니다."

② "지원하는 직무가 지니는 가치를 파악하는 것이 중요하다고 생각합니다. 그 일을 함으로써 지원자 스스로와 주변 사람들 및 회사에 어떤 긍정적인 영향을 미칠 수 있는지를 알게 된다면 면접 준비하는데 도움이 된다고 생각합니다."

(2) 부족했던 부분을 극복했던 사례

"면접장에서 모든 지원자들이 비슷한 실력을 가지고 있었기에 변별력 있는 답변을 하는 것이 어려웠습니다. 이러한 상황을 극복했던 저만의 방법은 솔직한 답변이었습니다. 지나치게 준비된 답변보다는 평소 저의 가치관이나 생각을 바탕으로 답변하였던 것이 최종면접까지 갈 수 있었던 요인이 아니었나 생각합니다."

2. 면접 질문과 답변

(1) 농심

Q. 이력서를 보니 다양한 아르바이트 경험이 있는데 이러한 일들을 한 이유는 무엇입니까?

A. 학교를 벗어나 다양한 사람들을 만나는 과정에서 그들의 다양한 생각을 이해할 수 있게 되었습니다. 그러한 경험들이 자격증을 공부하는 것보다 더 값지다고 생각했습니다.

Q. 대학 생활 중 전공수업 외의 활동에 대해서 말해주세요.

A. 저는 중앙 축구동아리에서 활동을 하고 있습니다. 축구라는 스포츠를 통해서 개인의 우수함보다 팀원 간의 협력이 더 큰 힘을 만들어내고 보다 나은 성과를 창출한다는 것을 깨달았습니다.

Q. 호주에 대해서 어떻게 생각하는지 말해주세요.

A. 호주에는 아시아권 국가에서 온 다양한 아시아인들과 유럽인들이 모여 있기에 다양성이 공존하는 곳이라고 생각합니다. 그러한 곳에서 다양성을 이해하는 자세를 배울 수 있었습니다.

Q. 농심은 무엇을 하는 회사라고 생각합니까?

A. 식품에 '우수한 맛, 건강과 행복'이라는 가치를 담아 제공하는 식품 제조업체이며, 앞으로 이러한 가치를 전 세계에 제공할 회사입니다.

Q. 미국에서 어떠한 방법으로 매출을 늘릴 수 있다고 생각하는지 말해주세요.

A. 대형마트에서 지속적인 시식을 할 수 있게 함으로써 소비자와의 접점을 늘릴 수 있고 이를 통해서 매출을 올릴 수 있다고 생각합니다. 시식 후 소비자들의 피드백을 통해서 농심의 매운 맛에 대해 소비자들이 어떻게 생각하는지 파악하고 개선할 수도 있다고 생각합니다.

(2) 코오롱FM

Q. 자료 분석 후 앞으로 나아가야 할 방향에 대해서 말해주세요.

A. 서론에 전반적인 기업의 현재 상황을 분석하였고 본론과 결론에는 신소재(멤브레인)를 새로운 성장 동력으로 삼아야 한다고 설명하였습니다. 그 이유는 신소재는 다양한 분야에 적용이 가능하고 에너지 소비를 줄이며 비용을 줄일 수 있다는 장점을 가지고 있기 때문이라고 설명하였습니다.

Q. 해외영업에 지원한 이유에 대해서 말해주세요.

A. 해외영업에 지원한 이유를 세 가지로 말씀드릴 수 있습니다. 첫째, 저는 2년간의 해외경험을 통해서 다양한 성격과 생각을 가진 외국인들과 생활하는 것에 어려움이 없고 오히려 흥미롭고 즐거웠습니다. 둘째, 옷에 대한 관심으로 동대문 의류 도매시장과 온라인 쇼핑몰에서 일한 경험이 있기에 코오롱의 해외영업부에 지원하게 되었습니다. 셋째, 많은 원사, 원단을 해외로 수출하는 상황에서 저의 이러한 경험을 발휘해 기업 발전에 기여할 수 있다고 생각하였기 때문입니다.

Q. 불합리한 상황을 겪은 적이 있다면 말하고 어떻게 해결하였는지 말해주세요.

A. 과거 불합리한 상황에 닥쳤을 때, 먼저 상대방이 나에게 악의가 있어서 한 행동은 아닐 것이라 생각하였습니다. 그리고, 나 자신의 행동에 어떠한 문제가 있었던 것은 아닐까 생각하면서 상황을 개선하도록 노력하였습니다.

Q. '유니클로'로 가는 많은 고객들을 동대문시장으로 오게끔 하는 방안에 대해서 말해주세요.

A. 동대문이 가지고 있는 매력을 소비자들에게 어필하겠습니다. 특히 동대문 도매시장으로 쇼핑을 오면 도매가격으로 저렴하게 물건을 구입할 수 있으며 동대문시장에는 다양한 먹거리들이 있기 때문에 쇼핑과 맛있는 음식을 먹을 수 있다는 장점을 어필하면서 소비자들을 모시겠습니다.

Q. 마지막으로 할 말이 있다면 무엇입니까?

A. 정직하고 성실하게 일하고 직무에서 필요한 역량을 쌓아서 회사의 발전에 기여하겠습니다.

(3) GS글로벌

Q. 임직원들이 조직의 문화나 가치를 잘 공유할 수 있게 하는 방법에 대해서 말해주세요.

A. 크게 두 가지 방법이 있다고 생각합니다. 비디오 영상을 통한 내부교육을 통해서 문화와 가치를 공유하고 야외활동을 함께 함으로써 다시 한 번 문화와 가치를 공유할 수 있도록 하겠습니다.

Q. 오랜 시간동안 하나의 일만 시킨다면 어떻게 하겠습니까?

A. 그 일을 통해서 배울 것이 많기 때문에 저에게 시키시는 것이라 생각하고 그 일에 전문가가 될 수 있도록 열심히 하겠습니다.

Q. 상사가 여자일 경우 어떠한 방법으로 친해지겠습니까?

A. 〈화성에서 온 남자 금성에서 온 여자〉라는 책을 통해서 제가 배운 점은 바로 여자는 남자가 어떠한 상황에 대해서 해결책을 제시하기 보다는 그 상황을 들어주고 이해해주기를 원한다는 것이었습니다. 저는 여자 상사의 이야기를 많이 들어줌으로써 대화 친구가 되어 좋은 관계를 만들도록 하겠습니다.

Q. 자신이 생각하는 취약점은 솔직하게 무엇이라고 생각합니까?

A. 저의 취약점은 회계학에 약하다는 점입니다.

Q. 자신의 장점은 무엇이라고 생각합니까?

A. 저의 장점은 이야기를 잘 들어준다는 점입니다. 이야기를 들어준다고 해서 모든 이야기의 해결책을 제시해줄 수는 없으나 이야기를 듣고 함께 고민할 수 있습니다. 그리고 저는 육상선수 출신으로서 현재 중앙축구 동아리에서 활동하고 있습니다. 빠른 스피드를 이용해서 축구를 잘하는 편입니다.

Q. 직장상사가 실력이 부족한 어느 지원자를 뽑으라고 한다면 인사담당자로서 어떻게 하겠습니까?

A. 뽑으면 안 되는 이유를 설명하며 정중히 거절하겠습니다.

실력이 부족하고 인재상에 맞지 않는 지원자를 뽑는다면 이는 회사에 손실입니다. 회사에 기여할 수 있는 지원자를 뽑는 것이 인사담당자로서 해야 할 일이고 회사를 위하는 마음은 상사가 더욱 클 것이라 믿기에 이해해줄 것으로 생각합니다.

Q. 요즘 주요 이슈가 되고 있는 복지에 대해서 어떻게 생각합니까?

A. 복지 자체의 관점과 경제민주화라는 관점 두 가지로 말하겠습니다.

복지를 실행하는 데 있어서 무엇보다 선별적인 복지가 선행되어야 한다고 생각합니다. 최근 보편적 복지를 시행한 결과 재정결핍 현상이 일어났으며 어린이집의 경우에는 늘어난 수요에 대응하기 위해 어린이집을 늘리는 과정에서 교육의 질과 수준이 하락하는 결과를 초래했기 때문입니다.

경제민주화 관점에서 보았을 때는 대기업에 대한 규제를 풀어주어 대기업의 경쟁력을 향상시켜서 그로 인해 늘어난 부를 중소기업과 영세 상인들에게 이어질 수 있도록 하는 방안을 마련해야한다고 생각합니다. 또한 중소기업이 성장할 수 있는 방안을 마련함으로써 더 나은 복지를 추구할 수 있다고 생각하는 바입니다. 복지를 위해서 선행되어야 하는 것은 성장입니다. 우리나라의 경우 그 성장의 주체는 대기업인데 규제를 하게 된다면 대기업의 경쟁력은 약화되어 결과적으로 중소기업과 국민들에게 그 부정적인 영향이 전가되어 결국 기대하는 복지를 추구할 수 없다고 생각하기 때문입니다.

Q. 성적을 지원자의 성실도로 봐야한다고 생각합니까?

A. 아니라고 생각합니다. 만약에 지원자의 성적이 낮지만 그 외의 다양한 가치 있는 활동을 한 경력이 있다면 성적 그 자체를 성실도의 전부로 판단해서는 안 된다고 생각합니다. 그러한 지원자는 회사에서 눈에 보이는 것 외의 활동을 함으로써 회사의 발전에 기여할 수 있다고 생각합니다.

Q. 별명은 무엇입니까?

A. 저는 별명이 없습니다. 존재감이 크지 않다고 여겨질 수도 있지만 단체 속에서 이야기에 귀 기울여주는 사람이 됨으로써 더 많은 대화를 할 수 있고 저 나름의 단체를 이끄는 방법이라고 생각합니다.

Q. 집단토론(주제: 사형제에 관하여)

Part 7
이미지 메이킹

• • •

1. 이미지를 구성하는 요소

미국 캘리포니아 대학교 심리학과의 알버트 매러비안 교수에 의하면 사람에 대한 지각은 시각적 정보와 청각적 정보, 그리고 대화 내용에 따라 결정된다고 하였다. 즉, 이미지는 외모, 제스처 등의 시각적 요소(55%), 음성, 어투 등의 청각적 요소 (38%), 말의 내용(7%)에 의해 결정되는데 현대사회에서는 시각적, 청각적 이미지를 전략적으로 메이킹함으로써 기업 면접을 볼 때 자신의 경쟁력을 높이기 위한 전략이 필요하다.

사람의 첫인상을 결정짓는 시간은 3초에서 90초가 걸린다고 한다. 매우 짧은 시간에 그 사람의 첫인상, 즉 우리 회사와 맞는 사람인지 아닌지가 순간적으로 결정되어진다고 해도 과언이 아니다. 따라서 면접시의 첫인상 관리는 매우 중요하다.

면접에서 최고의 첫인상을 연출하기 위해서는 기본적으로 갖추어야 할 5가지 태도가 있다.

기업과 직군에 맞는 용모와 복장관리, 자신감 있고 긍정적인 표정관리, 면접관과의 시선처리, 질문에 대한 응답 스킬, 올바른 매너(인사, 태도) 등이다.

2. 직업별 면접복장

면접복장은 그 기업과 직군에 맞는 복장 선택이 매우 중요하다.

보수적인 기업과 개방적인 기업, 창의적인 직군과 고객 친화적인 직군 등을 잘 분석하고 그에 맞는 이미지를 찾아내어 그에 맞는 면접복장을 갖추어야 한다.

대기업 공무원	너무 튀지 않는 수수한 차림이 좋다. 면접관에게 신뢰를 줄 수 있도록 은은한 조화를 이루는 네이비 칼라 정장과 화이트 셔츠 정도가 좋다. 지루해 보이지 않도록 하려면 핑크색 넥타이로 포인트를 줄 수 있다. 구두는 검정색이 좋다.
외국계	세련된 이미지를 만드는데 주력한다. 세트 정장만 고집하지 말고, 이너웨어도 화이트나 아이보리에서 벗어나는 센스가 필요하다. 네이비 컬러나 핀 스트라이프 패턴도 좋다.
기자	푸른색 계통의 코디로 지적이면서도 활동성 있는 이미지를 연출한다. 고급스러운 검은 정장에 평범한 흰색보다는, 블루셔츠와 옐로우 넥타이로 포인트를 주어 깔끔해 보이는 느낌을 강조하면 좋다.
영업	친화력과 업무추진력을 강조하는 영업, 기획, 마케팅 직군의 일반기업에서는 네이비 칼라의 싱글버튼 정장에 블루칼라 셔츠로 통일감 있게 코디하면 좋다. 남들과 조금 다른 느낌을 강조하기 위해 넥타이를 보라색 계통으로 연출하는 방법도 아이디어다.
패션 광고	감각적인 면을 중시하는 회사라면 대담한 색상의 셔츠에 화려한 넥타이도 좋다. V존(양복 양쪽 깃 사이의 V자 형태의 공간)에 화사하게 포인트를 주는 방법을 추천한다.

3. 남성 패션 스타일

헤어와 화장	지나친 웨이브나 염색은 피한다. 버섯머리나 난해한 스타일은 절대 NO! 이마와 양쪽 귀는 반드시 보이게 하고, 뒷머리는 셔츠의 깃에 닿지 않게 한다. 헤어제품을 적당히 바르는 것이 더 단정해 보인다. 얼굴색이 어둡거나 잡티가 많은 경우 비비크림으로 커버를 해도 무방하다. 하이라이터로 T존과 눈 밑 부분을 환하게 바르고, 코, 턱선, 눈두덩에 음영을 줘서 윤곽을 잡아준다. 또 눈썹의 결을 살려 눈썹 사이사이 빈 곳을 채우고, 눈썹산은 약간 각진 형태를 만들면 강인한 인상을 줄 수 있다. 마지막으로 메마른 입술은 자칫 아파 보일 수 있으므로, 광택 없는 립밤으로 보습을 해주는 것이 좋다.
양복	색상은 진한 남색이나 회색이 좋으며 무늬가 없는 단색을 입는다. 양복은 투 버튼이 좋으며 2번째 단추는 채우지 않는다. 유행에 너무 민감한 옷은 좋지 않다.
바지	바지의 길이는 바짓단이 구두 굽과 만나는 지점이 좋다. 커프스 바지보다는 일반적인 바지가 좋다.
양말	양말의 색은 구두나 바지 색과 맞춘다. 양말의 고무줄이 늘어난 것은 NO! 스니커즈 양말, 즉 발목양말은 절대 착용 금지
구두	랜드로바형의 구두는 절대 금물이며 일반적인 정장형 구두를 신는다. 갈색 구두보다는 검정색 구두를 착용하도록 한다. 굽과 전체적인 청결상태를 반드시 체크한다.
액세서리	시계는 정장용 시계를 착용한다. 넥타이핀과 커프스 버튼은 착용하지 않는다.

4. 여성 패션 스타일

헤어 & 메이크업	지나친 웨이브나 염색은 피한다. 긴 머리는 흘러내리지 않도록 고정을 한다. 단정한 스타일이 프로로 보인다. 화장의 포인트는 진하지 않게, 하지 않은 듯 피부의 결점을 감추고 밝은 인상을 만드는 것이다. 여성은 피부색보다 밝은 파운데이션을 바른 뒤 T존과 눈 밑은 하이라이터로 화사하게 해주고, 코와 턱선에 음영을 줘 윤곽을 잡아준다. 또 연핑크 섀도로 눈두덩에 음영을 주고, 차분한 오렌지 펄 섀도를 쌍꺼풀 선까지 살짝 바른 뒤 브라운 섀도로 선에 음영을 만들면 밝은 인상을 줄 수 있다. 여기에다 아이라인으로 속눈썹 사이를 메우고 눈 아래 라인에는 브라운 펜슬로 점막을 채운 후 눈 꼬리 부분에 브라운 섀도를 발라 또렷한 눈매를 만들 수 있다. 눈썹은 브라운 섀도를 사용해 둥근 형태로 그려 부드러운 인상을 연출한다.
의상	색상은 검정, 짙은 남색, 회색, 베이지색이 좋으며 치마나 바지 모두 무난하다. 정장은 노멀한 스타일의 정장을 준비한다. 원피스를 입을 경우 앙상블로 입는 것이 정중해 보인다.
스커트	스커트 길이는 무릎라인이 가장 좋다. 스커트는 H라인 스커트가 가장 좋다. 바지일 경우 일자 바지가 좋다.
스타킹	스타킹은 커피색 1호를 선택한다. 여분의 스타킹 준비한다.
구두	적당한 굽이 있는 것이 좋으며 요란한 디자인이나 샌들은 피한다. 적당한 굽의 높이는 6~8cm가 좋으며 킬 힐은 피한다. 굽과 전체적인 청결 상태를 반드시 확인한다.
액세서리	통일감 있게 심플한 것으로 선택한다. 귀걸이는 작은 큐빅이나 진주알 정도가 좋으며 목걸이와 반지는 하지 않는 것이 좋다. 안경보다는 렌즈를 착용하고, 서클렌즈는 피한다. 착용한 액세서리가 3가지를 넘지 않도록 한다.

5. 면접 입실에서 퇴실 순서

구분	내용
호명 후 입실	면접 1시간 전에 도착해서 분위기에 적응이 되도록 한다. 대기실에부터 이미 면접은 시작된다. 대기실에서 진행자의 지시사항을 충실히 따른다. 첫 번째로 들어가는 면접자는 노크와 함께 면접관들에게 가볍게 목례를 하고 들어간다. 입실 시 워킹과 시선처리 주의한다.(땅을 보거나 난처한 표정은 절대 금지)
인사	면접 시 30도 인사를 실시한다. "안녕하십니까"와 함께 인사말을 외치고 인사 자세로 들어간다. 목소리 톤은 '솔' 톤으로 한다. 밝은 표정이 자신감을 보여주므로 표정 연출에 주의한다.
수험번호와 이름을 밝힘	수험번호는 반드시 외운다. 이름을 말할 때 끊어서 얘기한다. (예: "수험번호 000번 홍.길.동.입니다.") 이 순간이야 말로 면접자들의 성격을 엿볼 수 있는 기회가 된다. 절대로 소심한 목소리가 되지 않도록 주의한다.
착석	면접관의 지시에 따라 착석한다. "감사합니다"라는 인사와 함께 조심스럽게 앉는다.
핵심질문	자신의 의견을 자신감 있게 얘기한다. 침묵기법을 사용한다. 질문이 떨어지자마자 답변하는 건 외워서 왔음을 의미한다. 질문이 끝나면 0.5초 후 답변을 하는 것이 진지하게 들린다. 말이 빨라지면 더 긴장하게 된다. 시선처리는 면접관이 질문을 할 때 상체를 10도 정도 해당 면접관에게 살짝 기울인 채 미소와 함께 진지한 표정으로 경청을 한 후, 답변은 모든 면접관의 시선을 맞추면서 할 수 있도록 한다. 시선처리가 제대로 되지 않으면 자신 없음을 의미하기 때문에 매우 중요하다.
퇴실	자신의 뒷모습에 책임을 진다. 나갈 때도 들어올 때처럼 긴장감을 잃지 않도록 한다.

Chapter
4

금융권
면접전략

Part 1
자기소개서 작성과
필기시험 대비법

· · ·

1. 인사담당자가 전하는 자기소개서 작성법

'그 많은 자기소개서 설마 다 읽겠어?'

"여러분들은 설마할지도 모르지만 자기소개서를 실제로 다 봅니다. 저희 인사팀은 하루 2시간밖에 잠도 못자면서 다 읽습니다. 서로 크로스 체크도 합니다. 우리 인사팀에게 신입사원 채용 시즌은 고난의 행군이 시작되는 때입니다."

"스펙보다 스토리입니다. 자신의 경험과 인문학적 지식을 KB국민은행의 가치와 비전에 연결시키는 스토리를 만들어서 자기소개서를 쓰면 높은 점수를 받을 수 있습니다."

"대학생들이 취업스터디를 해서 그런지 자기소개서를 읽다보면 대개 비슷한 유형으로 나뉘어진다. 이런 유형의 자소서는 실패한 자소서라고 보면 됩니다. 좋은 자소서가 되기 위해서는 자기 색깔이 분명히 드러나야 합니다. 성장과정을 작성할 때도 입사를 위해 어떤 금융 관련 활동을 했는가를 집중적으로 기록하는게 좋습니다."

2. 인사담당자와의 질의응답

Q. 성장과정

A. 자기소개서의 성장과정에 가정사를 쓰는 지원자들이 있는데, 심사위원들은 가족사에 대해선 전혀 관심이 없다. 그보다는 금융인이 되기 위한 노력을 쓰는 것이 유리하다. 다만 실패한 경험을 소개할 때는 단순히 실패 사실에 그치지 말고 실패를 통해 무엇을 얻었는지까지 이어져야 한다.

Q. 좌우명

A. 입사지원서에는 좌우명을 쓰게 되어 있다. 멋진 좌우명이 중요한 것이 아니라 '좌우명을 실천하며 살아가고 있는가'이다. 면접 때 좌우명을 한자로 써보라는 질문이나, 좌우명의 출처를 묻는 질문 등으로 좌우명을 '급조'해 만들었는지 심사위원들은 쉽게 알 수 있으니 유의해야 한다.

Q. 자격증

A. 자격증의 경우 비중이 많이 줄었지만 흔히 있는 금융3종은 입사 후에도 1~2개월 정도 공부하면 쉽게 딸 수 있기 때문에, 꼭 따고 싶다면 AFPK나 CFA같은 희소성 있으면서도 업무에 도움이 되는 자격증이 더 유리하다.

Q. 파트타임

A. 파트타임 역시 입사에 도움이 되는 것이 있다. 은행은 서비스직이기 때문에 고객과의 유대감이 중요한 만큼 이와 관련된 맞춤형 경험을 적으면 더 좋다.

Q. 공모전

A. 수상 여부와 관계 없이 프로젝트 기획부터 실행까지 본인이 직접 전담한 경험을 적으면 도움이 된다. 또 전국 41개 대학지점에 있는 'KB 락스타 서포터즈'를 통해 다양한 활동을 하는 것도 좋다.

A. 지난해 국민은행이 처음 도입한 '인문학 서적'의 경우, 은행이 제시한 책 이외에도 자신의 주장과 논리 및 관점을 확실히 제시할 수 있는 책이면 상관없다. '인문학 서적'은 지원자들의 인문학적 소양을 가늠해보기 위해 새로 도입된 것으로 독서가 각자의 가치관이나 지식에 어떻게 녹아들어 갔는지, 인문학적 고민과 성찰이 있었는지를 평가하려는 의도이다. 책의 줄거리나 독후감과 전혀 관련이 없다. 오히려 가치관이나 지식이 KB국민은행의 핵심가치나 인재상과 맞아떨어진다면 더욱 좋다. 한 지원자는 '인문학 서적을 읽으며 사회적 약자에게 물질적인 지원보다 인문학적 지식을 제공해 삶의 가치를 높이는 것이 좋다고 생각했다'고 자기소개서에 써 좋은 평가를 받았다.

3. 필기시험 대비법

논술이나 면접시험은 전반적인 경제 흐름을 읽는 것이 중요하다. 경제신문과 사설을 정독할 것을 권한다. KB 국민은행 관계자는 "신문 사설에는 전반적인 경제상황과 인문학적 요소가 결합돼 있기 때문에 생각을 정리하는 데 큰 도움이 된다. 여기에 인문학적 소양을 결합한다면 백점 면접자가 될 수 있다"고 조언했다.

논술

서류전형을 통과하면 필기시험을 보게 된다. 국민은행의 필기시험은 논술과 기획안 작성 두 가지로 이뤄져 있다. 논술의 경우 지난해 하반기에 '신문이나 책에서 발췌한 일부분을 제시하고 이 내용을 국민은행의 현재 상황과 매치해 설명하라'는 문제가 출제됐다.

기획안

기획안은 최근 주제가 점점 어려워지고 있는 추세다. 지난해 하반기 공채에는 '구글이 '구글월릿'을 출시하며 휴대폰 결제 서비스까지 사업을 확장하고 있는 것처럼 인터넷 결제서비스 부문의 사업경계가 모호해진 가운데 국민은행의 전략적 추진방향에 대해 설명하라'는 문제가 나왔다.

금융지식 테스트

필기전형의 마지막 단계인 금융지식 테스트는 국민은행 직원 교육자료인 '지식비타민'에서 출제된다. 이 자료의 문제는 '해외 금융 이슈 분석' 등 일반 종합지의 경제면에서도 좀체 다루지 않을 정도로 난이도가 높기 때문에 사실상 변별력이 없다. 또 서류전형 합격자에게는 자료를 공개하기 때문에 미리 공부할 필요는 없다.

Part 2
통섭 역량면접

· · ·

지원자의 자격증이나 봉사활동·해외연수 경험, 인턴경력 등 획일적인 스펙에 대한 질문 대신 면접관과 응시자가 인문서적 내용을 토론하는 방식이다. 이를 위해 응시자들은 면접 전에 자신이 최근에 읽은 인문서적 제목을 적어 냈다. 질문을 던져야 하는 면접관들도 응시자들이 써낸 책들을 1인당 5권 이상씩 꼼꼼하게 읽었다. 국민은행 관계자는 "기존의 가치관과 사회적 현상이 상충할 때 본인은 어떤 선택을 할 것인지 등 응시자의 가치관을 볼 수 있는 질문을 많이 했다"며 "면접이 끝나고 응시자들로부터 '생각을 많이 하게 된 면접'이라는 평가를 받았다"고 전했다.

1. 통섭 역량이란?

원래는 '역량면접'으로 불렸으나 최근 국민은행이 인문학을 강조하며 '통섭형 인재'를 선발하겠다고 발표하면서 새롭게 바뀐 명칭이다. 이 면접의 특징은 자기소개서에 기재한 인문학적 고민과 읽은 도서를 바탕으로 한 인문학적 소양을 테스트한다는 점이다. 그러나 실제로 인문학 도서의 내용을 직접 테스트 하지는 않았다. 중요한 것은 '책을 얼마나 자세히 읽었는지 보다는 그 책을 통해 어떤 인문학적 논리를 얻었는지'가 평가 목적이기 때문에 책 내용을 외우다시피 할 필요는 없다. 저자의 관점과 자신의 관점을 비교하며 정리할 필요가 있다.

2. 어떤 질문이 출제되었는가?

① 국민은행이 나아가야 할 방향은 무엇인가?

② 국내 1위 은행으로서 굳이 해외로 진출해야 한다고 생각하는 근거는 무엇인가?

③ 국민은행이 현재 1위 은행의 위치를 차지하고, 브랜드가치가 높은 것은 운의 작용이 더 컸다고 생각하는가?

④ '정의란 무엇인가' 라는 책을 읽었다고 되어 있는데, 지원자가 생각하는 정의란 무엇인가?

⑤ 당신에게 천만 원이 있다고 하자. 주식과 예금에 각각 투자하는 비율을 설정하고, 그 근거를 말해보라.

⑥ 손익의 총합이 플러스만 될 수 있다면, 어떤 행동을 해도 좋다는 뜻인가?

⑦ 개인의 양심에 맞지 않는 일이지만, 전체의 행복을 보장한다면 기꺼이 그 일을 하겠다는 뜻인가?

⑧ 자기소개서에 박정희 시대의 경제발전에 대해서 고민해 본적 있다고 되어 있는데, 자세히 말해보라.

⑨ 실력과 운 중에서 운이 더 중요하다고 생각하는가?

3. 통섭역량면접 대응전략은 무엇인가?

인문학 서적을 선정할 때, 그 책을 왜 읽어야 하는지 먼저 질문해 보아야 한다. 행원으로 업무에 어떤 도움이 될 것인지를 먼저 생각해 보아야 한다는 뜻이다. 직장인이 책을 읽는 이유는 교양을 쌓는 것이 목적이 아니라 업무역량을 강화하고 업무능률을 향상하기 위함이다. 지원하는 회사의 관심사나 업계이슈 등을 미리 생각해 보고 책을 읽으면서 관련된 내용을 요약하면 당황하지 않고 면접에 임할 수 있다.

Part 3
세일즈역량면접

• • •

　KB국민은행의 경우 세일즈역량면접은 수험생들 사이에서 당락을 결정할 정도로 수준 차이가 크게 나는 전형으로 알려져 있다. 일반 면접전형과는 달리 순발력을 요구하기 때문이다. 세일즈역량면접은 1~2분의 준비시간과 5~8분 발표, 2분 피드백 및 질문으로 이뤄진다. 세일즈역량면접장에는 두 명의 면접관이 앉아 있다. 면접이 시작되면 상자에서 세일즈 대상 물품을 뽑게 되는데 주로 치약, 이쑤시개, 양말, 행주, 참기름, 슬리퍼 등 일반 소비재다. 평범한 것에서 개성 있는 특징을 발굴해 열정적으로 판매하는 모습을 통해 면접관들은 합격여부를 결정한다.

　그러나 실제로 판매하는 능력이 평가하는 것이 아니라, 제품의 특성을 파악하고 고객에게 제공할 수 있는 가치를 설득력 있게, 고객이 감동할 수 있도록 스피치 할 수 있는지 여부를 판단한다. 따라서 군이 팔려고 하기 보다는 상품이 가진 가치가 고객에게 진심으로 도움이 된다는 마음과 적극성을 잃지 않으면 좋은 평가를 받을 수 있다. 세일즈역량면접은 지원자의 인성과 적극성을 평가하기 위한 면접기법이다.

한편 우리은행은 모의창구를 만들어놓고 참가자들이 직접 금융상품을 판매했다. 면접관들은 고객이 되어 돌발질문을 던진다. 응시자의 금융지식과 영업에 필요한 사회성과 순발력 종합적으로 평가하기 위해 도입된 면접방식이다.

1. 세일즈역량면접 대비전략

"①고객에게 ②'가치'라는 ③선물을 제공하여 ④감동시킨다." 세일즈 면접의 핵심은 고객에 대한 관심에서 출발한다. 고객에 관심이 없다면 고객을 위한 가치를 제공할 수 없고 감동시킬 수 없다는 것이 필자의 생각이다. 따라서 세일즈 면접을 대비하기 위해서, 구직자들은 고객이 원하는 가치에 집중해야 하나다. 아래에 제시된 물, 칫솔, 휴대폰이 제공하는 가치에 대한 사례를 통해서 세일즈 면접에서 평가하고자 하는 의도를 살펴보자.

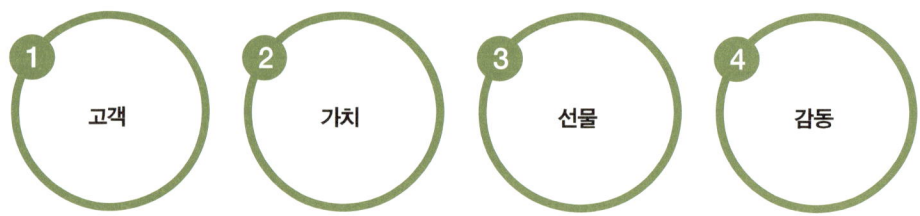

■ 물을 어떻게 팔 것인가?

단순히 물을 떠올리기 보다는 물이 고객에게 주는 가치에 집중해야 한다. "몸의 80% 가 물로 구성되어 있다고 합니다. '귀한 몸'을 위해 '귀한 음식'을 먹듯 '귀한 몸'에는 '귀한 물'이 필요합니다. 이 물이 고객님의 귀한 몸의 일부가 되어 건강을 지켜줄 것입니다."

■ 칫솔을 어떻게 팔 것인가?

치아의 건강을 고민해 보면 답을 얻을 수 있다. "아이들은 소중한 존재입니다. 아이들의 치아가 상하게 되면 매우 고통스럽습니다. 고객님께서 이 칫솔로 자녀의 치아건강을 지켜 주세요. 어린 시절의 치아건강 습관은 80세까지 이어집니다."

■ 휴대폰을 어떻게 팔 것인가?

"사랑하는 자녀에게 사랑한다는 문자를 보내주세요. 아이들의 육아와 교육으로 힘들어 하는 아내에게 감사하다는 문자를 보내주세요. 자녀와 아내의 답변 문자를 받으면 하루의 시작이 즐겁지 않을까요? 사랑을 주고받는 확실한 방법입니다. 고객님의 오늘 하루, 행복하세요."

2. 세일즈 역량면접 사례

슬리퍼

아내를 위해 이 사랑의 슬리퍼를 전해 주세요. 우선 발 마사지로 발을 따뜻하게 해준 뒤 슬리퍼를 정성스레 신겨 주세요. 그리고 고맙다는 사랑의 인사말을 전해주세요.

행주

맛있는 음식을 먹는 것도 중요하지만, 건강한 음식도 중요합니다. 가족의 건강을 위해서 병균을 99.9% 박멸하는 행주를 아내에게 전달해 주세요. 가족의 건강 지킴이, 바로 이 행주에서 시작됩니다.

다림질 보조제

이 다림질 보조제가 없으면 다림질 시간 많이 걸립니다. 출근 준비로 바쁜 남편을 바라보
며 아내가 얼마나 마음 졸일까요? 아내를 위한다면 더 이상 오래 기다릴 필요가 없는 이
제품을 선택해 주세요. 다림질을 깔끔하고 신속하게 할 뿐만 절약된 시간에 자녀와 아내
에게 애정표현을 할 시간을 벌 수 있습니다.

이밖에도 알뜰 튜브 짜기, 분리수거용 가위, 이쑤시개, 참기름 등을 묻는 질문들이
출제되었다.

Part 4
면접 합격 사례

• • •

신한은행은 클래식, 대중가요 등을 즐길 수 있는 미니콘서트를 진행한 후 본격적인 면접을 진행한다.

1. 인적성과 아이스 브레이킹

"기흥에 있는 연수원에 도착하자마자 간단한 설명을 듣고, 바로 인적성 시험을 봅니다. 하나은행, 현대/기아차의 HKAT와 같이 한국행동과학연구소에서 출제된 문제들입니다. 인적성 결과는 그렇게 큰 비중을 차지하는 것 같지 않습니다. 시험이 끝나면 면접관 분들과 같이 면접 장소로 이동하고 약 1시간가량 같은 조원들과 아이스 브레이킹을 합니다."

2. 점심식사

"점심식사마저도 평가에 들어간다는 말이 있는데 잘 모르겠습니다. 소문대로 밥도 맛있고 후식으로 아이스크림도 있더군요. 식사 후에는 가수 지망생들을 섭외해서 공연도 보여주는 등 지원자들을 많이 배려했다는 생각이 들었습니다."

3. 신한가치면접1 (인성면접)

"지원자가 신한은행에 맞는 인재인지 아닌지를 평가하는 면접입니다. 작성한 자기소개서를 바탕으로 질문합니다. 전공 질문도 물론 합니다. 제 경우에는 총 12명의 조원 중 마지막이었기 때문에 많이 기다렸냐고 먼저 물어보더군요. 그 다음 '뭐 물어볼 것 같으냐?'라고 물어봤고, 제가 답변한 걸 그대로 물어보았습니다. 기본적으로 자기 자기소개서를 완벽히 숙지하고 가는 것이 중요합니다. 저는 서부여행 경험담을 적어놨는데 라스베이거스에서 LA로 이동하는데 걸렸던 시간을 묻기도 하더군요. 전공질문은 아주 평이했습니다. 자주 사용하는 언어를 물어보고 Java라고 대답했더니, 클래스와 인스턴스의 차이를 물어보더라고요. 질문수준에 솔직히 당황했습니다. 타 지원자들에게 물어본 전공질문은 NFC와 RFID의 차이점, NFC와 블루투스의 차이점, MVC패턴이 뭔지, 그리고 다형성이 무엇인지 정도로 기억이 나네요."

4. 토론면접

"두 번의 토론을 실시합니다. 처음 주어지는 주제는 지원자들이 찬반을 선택할 수 있는 권한을 줍니다. 두 번째 주제의 경우에는 면접관분들이 임의로 찬반을 정해줍니다. 처음 주제는 고졸채용 관련 찬/반이었고 두 번째는 미국의 양적 완화에 대한 찬/반, 그리고 국내에 미치는 영향이었습니다. 인원이 많아 몇 마디씩 말하면 토론이 끝나더군요. 토론의 60%는 경청이라는 말이 있는데, 다른 지원자들의 의견을 잘 듣는 것이 중요합니다. 또한, 상대측 주장의 논리적인 근거를 파고들기보다는 그냥

'잘들었습니다' 정도로 마무리하고 자기 생각만 얘기하는 게 좋을 것 같네요."

5. 신한가치면접2 (난해한 질문)

1차 면접의 마지막 관문으로 난해한 상황을 주고 지원자들에게 어떻게 할 것인지 묻습니다. 당황하지 않고 솔직하게 자기 의견을 근거를 들어가면서 말하는 게 중요합니다. 지원자가 대답한 답변을 듣고 면접관이 재질문하는 형식이므로 생각 없이 대답할 것이 아니라 대답하기 전에 다음 질문을 예상하고 신중히 답변해야 합니다. 질문이 꼬리에 꼬리를 물다보면 일관성이 어긋나는 경우가 생기므로 반드시 한 번 생각을 하고 답변해야 합니다. 기억나는 질문들 아래에 몇 개 적어봅니다."

- 당신은 상사가 일러준 대로 업무를 수행하였다. 그러나 완벽하게 지시를 따랐음에도 불구하고 일의 결과가 잘못되었다. 상사에게 찾아가니 자기 잘못은 아니라고 잡아뗀다. 이런 상황에서 어떻게 할 것인가?
- 시재 5천원이 빈다. 어떻게 할 것인가?
- 친한 상사가 규정에는 어긋나지 않지만 개인적인 업무를 시킨다. 어떻게 할 것인가?
- 1억 원이 있다면 무엇을 하겠는가?

6. 뒷풀이

"면접이 끝나고 피자와 맥주를 먹습니다. 평가가 끝났다고 하지만 끝까지 좋은 모습 보이는 게 중요하다는 생각이 드네요. 면접관들이 말하길, 조금 압박면접일 수도 있지만 신한에 맞는 인재를 찾기 위함이고 자신들이 뽑은 인재가 추후에 일 잘한다는 말이 늘려올 때 뿌듯하다고 하네요."

7. 면접후기 (신한금융투자)

(1) 면접 준비과정

"인터넷과 선배, 스터디원들을 통해 많은 조언과 정보를 얻기 위해 노력했습니다. 태도나 어법, 기업별 선호되는 인재 등 기본적이고 공통적인 부분은 최대한 받아들이려 노력했고, '누가 어떻게 해서 붙었다더라, 누군 어떻게 해서 떨어졌다더라' 하는 등의 이야기는 선별적으로 내가 해도 어울릴 것 같고 도움이 될 것 같은 부분만 받아들였습니다. PT면접과 토론면접을 위해 꾸준히 스터디를 하고 신문을 읽었습니다. 또한, '커리어에듀'에서 금융상식 강의를 들었고, '위포트'와 'SEE MORE'에서 기업관련 자료를 구매해 읽었습니다. 면접상식을 위해서는 '위포트'에서 면접비법 강의를 들었습니다. 비용이 어느 정도 들었지만 투자라고 생각하고 아끼지 않았습니다. 저는 선천적으로 말을 잘하고 호감형 외모를 가진 면접형 인재가 아니었기 때문에 질문에 답변하는 연습과 미소를 짓는 등 표정 연습에도 노력을 기울였습니다."

(2) 1차 면접

"면접관은 다섯 분, 지원자는 8명 정도였고 PT면접과 인성면접이 진행되었습니다. PT의 주제는 '현재 가장 이슈가 되고 있는 금융상품이 무엇이고 그 이유는 무엇인지' 묻는 질문이었습니다. 신문을 꾸준히 읽으며 당시 자주 언급되던 것이 ETF라는 것을 떠올렸고, 신한금융투자 홈페이지를 통해 제공되는 모든 상품의 특징을 익혀갔던 것이 도움이 됐습니다. 제공된 전지에 큼지막한 글씨로 제목, 선정 배경과 이유, 결론을 적었습니다. 관심을 끌기 위해 평범하지 않은 제목을 정했습니다. 또한 서류와 모니터를 보고 있는 면접관님들이 고개를 들어 볼 정도로 큰 목소리로 PT를 시작했습니다. 발표시간은 제시된 시간을 절대 넘지 않으려 노력했습니다.

인성면접에서는 공통질문과 개인질문이 번갈아 이어졌습니다. '1분 자기소개'는 준비해간 것을 최대한 준비하지 않은 것처럼 말하려 노력했고, 10초 정도 일찍 끊어 지루하지 않도록 했습니다. 공통질문으로는 '지원 동기', '힘들었던 경험'이 있었고, 개인질문으로는 'PT 때 발표한 ETF 관련 상품에 대해', '우리 회사에 대해 잘 알고 있는 것 같은데 어디서 정보를 얻었나' 하는 것이었습니다. 지원 동기는 준비해간 멘트를 자연스럽게 이야기하려 노력했고, 힘들었던 경험은 학비 마련을 위해 택배 아르바이트를 했던 경험을 진솔하게 말했습니다. ETF 관련 상품에 대한 질문은 '죄송합니다. 구체적인 부분에 대해서는 잘 모르겠습니다. 앞으로 열심히 익히겠습니다'라고 답변했습니다. 회사정보는 홈페이지와 회사 SNS를 통해 얻었다고 대답했습니다.

면접대기, 면접, 면접 후 건물을 나오기까지 거의 내내 미소를 짓고 자주 웃기 위해 노력했습니다. 목소리는 앞서 말한 지원자보다 항상 크게 냈고, 공통 질문에서 순서를 정해주지 않으면 가장 먼저 손을 들어 답했습니다. 시선은 한 번도 떨구지 않고 면접관님을 봤으며 시선을 자주 움직이지 않았습니다. 제스처는 부자연스럽거나 다소 건방져 보일 수 있다는 생각에 사용하지 않고 반듯하게 앉은 자세로 계속 있었습니다. 답변의 내용보다는 미소와 큰 목소리, 시선, 자세가 중요하다고 생각했고 그것이 합격에 도움이 된 것 같습니다."

(3) 2차 면접

사장님을 비롯한 임원 네 분이 있었기 때문에 다소 긴장이 됐습니다. 하지만 1차 면접과 같은 태도를 유지하기 위해 노력했습니다. 지원자는 7명 정도 들어갔습니다. 공통질문으로 '대규모 고객을 유치하기 위한 마케팅 방안', '은행과 증권회사의 차이'가 있었습니다. 순서 없이 먼저 말할 사람이 답변하는 형식이었습니다. 마케팅 방안은 도저히 생각이 나지 않아 다른 지원자 세 명 정도가 답변을 했고, 이어 다음 공통질문으로 넘어갔습니다. 첫 질문에 일등으로 답변을 하지 못해 두 번째 질문에는 일등으로 답변을 했습니다. 개인질문은 지원자마다 질문 개수와 질문하는 분 모두 무작위였습니다. 저는 '자격증이나 자기소개서를 보니 증권회사에 관심이 많은 것 같은데 인턴이나 모의투자 경험이 없는지'를 묻는 질문을 받았습니다. 인턴은 한 번 지원했지만 준비가 부족해 떨어졌고 모의투자 경험은 없다고 솔직히 답변한 후, 그것은 하지 못했지만 다른 것을 준비했다고 대답했습니다. '꿈이 무엇인가'라는 질문에는 준비해 간 '신한금융투자에서 민동찬 사단을 만들고 싶습니다'라고 말하고 부연설명을 했습니다.

사장님과 당당히 눈을 맞추고 미소를 잃지 않으며 답변한 것이 합격에 도움이 된 것 같습니다. 임원면접에서는 씩씩한 모습과 더불어 예의바른 자세, 말투가 중요하다고 생각합니다. 세계에서 가장 창의적인 기업의 하나인 구글에서도 원하는 인재상의 1순위는 겸손이라는 말을 들었습니다. 그 때문에 자격증이나 장점이 될 수 있는 부분에 대해서 과도하게 어필하기 보다는 인간미나 체력, 성실성을 보여주기 위해 노력했습니다."

Chapter
5

직무분석

Part 1
직무분석의 중요성

• • •

1. 직무란 무엇인가?

직무의 사전적 의미는 '직책이나 직업상에서 책임을 지고 담당하여 맡은 사무'로, 회사 입사 후 실질적으로 담당하게 되는 일을 말한다. 업종에 따라 차이는 있지만 직무는 크게 경영지원, 영업·마케팅, 생산, 연구개발 등 4개의 직군으로 나눌 수 있다. 아래의 표에서 볼 수 있듯, 경영지원 직군은 세부적으로 (전략)기획, 재무·회계, 법무·감사, 인사·총무·교육, 홍보 등으로 나뉜다. 영업·마케팅, 생산, 연구개발 직군도 역시 세부로 나뉜다. 기업마다 직무에서 수행하는 업무가 조금씩 다를 수 있으므로 지원기업의 홈페이지에서 직무의 디테일을 살펴볼 필요가 있다.

[기업의 직무]

경영지원	영업·마케팅	생산	연구개발
(전략)기획 재무·회계 법무·감사 인사·총무·교육 홍보	(해외)영업 (해외)마케팅 영업관리 MD	생산관리 생산기술 품질관리 공정	연구기획 연구개발

2. 직무분석이 왜 중요한가?

자기소개서와 면접에서 결정적인 도움이 된다.

(1) 지원동기

직무에 지원하기 위한 일관성 있는 준비와 노력을 기술하기 위해 직무분석은 필수이다.

(2) 향후 포부

향후 지원 직무에서 어떤 가치를 창출할 것이며, 이를 위한 구체적인 실천계획을 작성하기 위해 직무분석이 중요하다.

(3) 성장배경

최근 금융권에서 '성장배경'은 직무와 관련된 '가치관' 또는 '인생관' 작성을 요구하고 있다.

(4) 성격상 장단점

직무수행을 위해 도움이 되는 '강점과 보완점'을 작성하기 위해 직무분석이 필요하다.

직무분석은 기업분석과 더불어 취업준비를 위해 가장 중요한 요소 중 하나다. 지원자들은 다음의 6단계 과정을 통해 지원분야인 '직무'를 명확히 이해해야 한다.

1단계: 직무의 목적을 이해하라.

2단계: 직무의 목적 달성을 위한 주요 업무를 파악하라.

3단계: 주요 업무 수행을 위해 필요한 역량이 무엇인지 확인하라.

4단계: 직무수행 시 어떤 부서와 협업을 하는지 알아보라.

5단계: 지원 직무와 관련된 가장 가까운 경험을 발굴하라.

6단계: 자신의 직무비전을 수립하라.

3. 구체적인 목표의 중요성

1960년대 세계 최고의 대학 하버드 졸업생들에게 졸업 후 목표에 대한 설문조사를 했다. A Group인 졸업생의 90%는 단답형으로 답변했고, B Group인 졸업생의 10% 만이 구체적인 계획으로 답변했다. 30년 후 A Group 중 10%만이 최고경영자가 되었고, B Group의 90%가 최고경영자가 되었다.

A Group (졸업생의 90%)	B Group (졸업생의 10%)
막연한 목표 최고경영자가 되겠다.	구체적인 목표 5단계: 최고경영자가 되겠다. 4단계: 어떤 분야의 전문가 되어, 3단계: PM으로 어떤 일을 통해서 어떤 성과를 내고, 2단계: 언제까지 어느 위치에 오르고, 1단계: 어느 분야에 입사해서,

Key-point 향후 포부 작성 시 구체적인 목표를 제시해야 한다.

4. 누구에게 호감이 가는가?

(지원자 모두 동일한 SPEC— 대학졸업반, 학점 3.6, 생명공학 전공, 토익 850)

■ 지원자 A

구분	내용
고교시절	● 어려서부터 생물, 미생물에 관심이 많음 ● 즐겨보는 TV채널 : 내셔널지오그래픽화학 ● 생물 점수가 높음 ● 흥미에 따라 생명공학전공을 선택함
대학시절	● 미생물 연구 동아리 가입 후 교수님 LAB실에서 파트타임 ● 해외 생명공학 웹사이트 서핑이 취미 ● 스스로 발효 식품을 만들어 보았음 ● 즐겨보는 전공전문서적 : 사이언스 ● 단백질 합성에 특별히 관심이 많음

구직시점	단백질 합성을 통한 신약 개발 희망. 평소에 관심 있던 ○○○ 회사에 지원 희망

■ 지원자 B

구분	내용
고교시절	● 생물, 미생물에 그다지 관심이 없음 ● 즐겨보는 채널 : 역사 드라마 ● 화학, 생물 점수 그다지 좋지 않음 ● 부모님 권유에 따라 생명공학전공을 선택함
대학시절	● 흥미는 없었지만 학점을 위해 열심히 공부 ● 용돈을 벌기 위해 아르바이트 경험 ● 전공과목 리포트를 위해 실험한 경험 ● 생명공학 관련 웹사이트 아는 곳 없음 ● 즐겨보는 전공전문서적 없음 ● 특별히 관심있는 분야 없음
구직시점	● 전공 관련된 업무 희망 ● 전공 관련된 업무로서 채용하는 기업 희망

Key-point 일관성 있는 준비과정을 보여주는 것이 중요하다.

Part 2
경영지원 직무 분석

· · ·

1. 기획

(1) 직무의 목적

회사의 비전 달성과 경영성과의 극대화를 위한 전략적 방향을 제시하는 것을 목적으로 한다.

(2) 주요 업무

이러한 직무의 목적을 달성하기 위해 기획팀 업무는 크게 경영분석, 사업전략 수립, 투자관리 등으로 구분된다.

① 경영분석

전사의 모든 경영성과를 분석하고 예측하며, 전략수립의 방향을 결정하는 기본 데이터를 제공하는 업무를 수행한다.

② 사업전략 수립

비지니스 포트폴리오 분석 및 이해를 통한 사업전개 방향을 제기하고 외부의 신규 사업을 검토하는 업무를 수행한다.

③ 투자관리

투자 경제성 분석을 통하여 전사 투자의사결정의 질적 향상 및 투자의 유효성을 제고하고, 집행된 투자의 진척관리 및 사후관리를 하는 업무를 수행한다.

(3) 직무역량

① 분석력과 기획력

대내외 산업 동향 및 환경 변화에 따른 사업의 변화 방향을 예측하고 사업 재구축 및 새로운 전략을 수립·반영할 수 있는 분석력과 기획력이 요구된다.

② 대인관계와 문제해결력

전략의 수립 및 실행에 있어 적절한 협상기술을 사용하여 조직간 의견 조율 및 효율적인 문제해결 능력도 필수적이다.

③ 경영마인드

관련 산업의 변화 등 경제동향의 변화 추이가 특정 산업에 어떤 영향을 미치는지 파악할 수 있는 경영마인드가 필요하며, 경영분석 업무 수행을 위해 회계 지식을 추가로 필요로 한다.

2. 재무

(1) 직무의 목적

최고 경영층이 적시에 최적의 의사결정을 내릴 수 있도록 재무정보를 제공하는 것을 목적으로 한다.

(2) 주요 업무

이러한 직무의 목적을 달성하기 위해 재무팀 업무는 크게 회계와 자금, 세무로 구분된다.

① 회계업무

재무제표의 작성을 위한 제반 업무를 수행하는 것으로서, 매출과 원가를 비롯해서 다양한 수익과 비용, 자산 등의 회계 처리를 통해 기본적인 재무 데이터를 생성, 관리한다.

② 자금업무

사내의 모든 자금의 입출금 관리 및 전표처리를 하며, 자금의 운용 및 채권의 평가, 외환 송금 등의 업무를 수행한다.

③ 세무업무

법인세와 부가가치세, 원천징수세를 신고, 관리하며, 세무 이슈에 대한 검토와 변경되는 세법의 내용을 회계처리하여 적용시키는 업무를 수행한다.

(3) 직무역량

① 세밀하고 철저한 업무처리

재무팀 업무는 기업회계기준서와 세법에서 정하고 있는 큰 틀 안에서 이루어진다. 상황에 따라 유연한 회계처리가 필요하기도 하지만, 회계에 관한 전반적인 흐름과 논리를 숙지하고 있어야 한다. 외부감사와 대외공시 등 유관기관과의 중요한 업무가 많아 세밀하고 철저한 업무처리 능력이 요구된다.

② 원만한 대인관계

직원들과의 접촉이 많아 원만한 대인관계 능력이 요구된다. 현업의 업무 요청을 세심하게 파악하고 신속하게 대처할 수 있어야 한다.

③ 적극성

정기적 또는 비정기적인 업무가 주어졌을 때 긍정적으로 수용하고 스스로 해결책을 찾으려 노력하는 적극성이 필요하다.

3. 구매

(1) 직무의 목적

생산에서 필요로 하는 자재를 적기 · 적가에 공급하여 생산성 향상과 원가 절감에 기여하는 것을 목적으로 한다.

(2) 주요 업무

이러한 직무의 목적을 달성하기 위해 구매팀 업무는 크게 구매계획, 글로벌 소싱, 사후관리로 구분된다.

① 구매계획

자재의 원활한 수급과 시황 예측을 통해 선행조달계획을 수립하여 장 · 단기 구매 계획을 수립하는 업무를 수행한다.

② 글로벌 소싱

원재료 확보의 다원화를 위해 신규업체 발굴 및 대체품을 개발한다. 이를 통해 원 가절감 및 원활한 수급을 도모하는 업무를 수행한다. 거래처와의 유리한 협상목표 달성을 통해 구매원가를 절감하고, 발주 및 모니터링을 통해 구매물량을 적기에 조 달해서 궁극적으로 원가절감 달성을 목적으로 한다.

③ 사후 관리

우수협력업체를 평가, 육성하여 자재의 퀼리티를 제고함으로써 원가절감을 목적 으로 한다. 수입물품을 관리하고 대금을 지급함으로써 원활한 수입절차를 지원하 고, 철저한 보험관리를 통해 수입물품의 사고로 인한 금전적 손해를 방지하는 업무 를 통칭한다.

(3) 직무역량

① 원가마인드와 외국어 능력

글로벌 소싱을 위해 외국어 능력이 필요하며 원가를 낮추고, 회사의 마진을 확보하는 것이 구매이기 때문에 관리 회계적인 지식이 중요하다.

② 윤리의식

윤리의식을 바탕으로 공정하고 정직하게 구매 조건 협상을 진행하고, 수집한 구매 정보를 완벽하게 보안하는 자세가 요구된다.

③ 커뮤니케이션 능력

협력업체를 대하는 구매담당자는 회사를 대표한다는 자부심을 가지고 책임감 있게 업무에 임하는 태도가 중요하며 내, 외부를 설득할 수 있는 의사소통 능력과 논리적 사고가 필요하다.

4. 홍보

(1) 직무의 목적

대내외적으로 회사의 긍정적인 이미지 제고와 상품정보 등에 대한 사내외 홍보를 목적으로 한다.

(2) 주요 업무

이러한 직무의 목적을 달성하기 위해 홍보팀 업무는 크게 언론 PR, 기업 PR, 그리고 사내 커뮤니케이션으로 구분된다.

① 언론 PR

구체적인 국내외 홍보 전략을 수립하여 회사의 경영전략에 부합하는 홍보 소재 및 아이템을 발굴, 집중하고 언론매체를 통해 기사화함으로써 우호적인 기업이미지를 제고한다. 또한 사내 경영층과 언론과의 인터뷰, 기자회견 등을 기획하고 실행하는 업무를 포함한다.

② 기업 PR

당사의 기업이미지 전략을 수립하고, 이를 효과적으로 고객에게 전달할 수 있는 기업PR 광고를 제작·집행하는 업무를 수행한다. 기업PR 내용을 브로셔, 영상물, 캘린더로 제작하여 당사의 기업이미지 뿐만 아니라 사업영역과 제품정보를 일반에게 보다 더 효율적으로 전달함으로써 비지니스를 간접 지원하고 기업이미지를 제고하는 것을 주 업무로 한다.

③ 사내 커뮤니케이션

사내 임직원들에게 경영방침 및 경영정보를 전달하고, 조직 내의 벽을 없애기 위해 인쇄사보와 온라인 사보를 제작하는 업무를 수행한다.

(3) 직무역량

① 분석력

對 언론PR과 기업PR 업무는 기업홍보에 대한 기본적인 지식을 바탕으로 경영활동에 대한 정확한 분석력과 관련 자료의 가공 및 문장력이 필요하다.

② 대인관계와 의사소통 능력

기업 PR업무는 대내외 고객, 특히 언론인과의 접촉이 많기 때문에 원만한 대인관계 능력과 의사소통 능력이 필요하다. 최근에는 글로벌 PR 업무의 확대로 뛰어난 외국어 회화능력이 필수적으로 요구되고 있다.

③ 기획력과 문장력

사내 커뮤니케이션 업무는 회사 내에서 일어나는 경영활동들을 정확하게 사내외 고객에게 전달하는 것으로, 인쇄사보 및 온라인 사보 등을 제작하는 활동이다. 이를 위해 창의성, 기획력 및 작문능력이 요구된다.

(4) 마케팅, 광고, 홍보, 브랜딩의 차이점

① 마케팅(Marketing)

내가 직접 "나는 당신을 정말 사랑합니다"라는 메시지를 상대방에게 전달하여 나를 찾게 만드는 활동이다.

② 광고(Advertising)

내가 직접 "나는 당신을 정말 사랑합니다"라는 메시지를 상대방에게 반복해서 전달하여 나를 찾게 만드는 활동이다.

③ 홍보(Public Relations)

제 3자가 "그는 당신을 정말 사랑합니다"라고 상대방이 신뢰하도록 하는 활동이다.

④ 브랜딩(Branding)

"당신은 정말로 나를 사랑하는군요"라고 상대방의 마음속에 나를 각인하는 활동이다.

5. 법무

(1) 직무의 목적

각종 계약 및 규약 등의 적법성 검토, 법률상담, 경영분쟁과 관련된 소송을 해결함으로써 회사의 성장과 발전에 기여한다.

(2) 주요 업무

이러한 직무의 목적을 달성하기 위해, 법무팀 업무는 크게 법적 리스크 예방, 지식재산권 관리, 그리고 법률자문으로 구분된다.

① 법률 리스크 예방

법무업무는 계약서 검토, 법률 상담업무, 지식재산(특허 관련) 업무, 기업인수 합병 시 필요한 법률 실사 등으로 구분된다. 법무업무는 경영 전 부문에서 법률 서비스를 극대화함으로써 경영상 법률 리스크를 예방하고 법적 분쟁의 원만한 해결을 통하여 수익성을 제고하는 역할을 한다.

② 지식재산권 관리

지식재산 업무는 크게 출원 전 조사 분석, 출원 과정, 등록 및 관리, 분쟁 및 소송으로 구분할 수 있다. 이러한 지식재산 업무를 수행하기 위해서는 IP관리 전략과 분쟁 대응에 관한 전략을 수립하고 실행하여 조직이 목표한 바를 달성할 수 있도록 지원하는 역할을 수행해야 한다.

③ 법률자문

회사경영과 관련된 다양한 법률문제에 대해 회사의 이익을 위하여 합리적이고 적합한 법률 의견 및 분쟁 발생 시 해결방안을 제시한다.

(3) 직무역량

① 전공지식과 법률적 마인드

업무의 특성상 기본적인 법률적 마인드가 필요하다. 민법, 민사소송법, 민사집행법, 상법, 공정거래법 등 법률 전반에 대한 이해가 선행되어야 하므로 법학을 전공하였거나 사법시험을 준비하였을 경우 많은 도움이 된다.

② 의사소통 능력과 통찰력

법무팀은 회사에서 체결하는 모든 계약을 사전합의하고, 회사 내에서 발생하는 법률적 이슈에 관련하여 조언한다. 이를 위해서 현업 부서와의 긴밀한 협의가 우선되므로, 원활한 커뮤니케이션 능력이 필요하다. 미래에 발생할 법적 분쟁을 미리 예측하고 예방할 수 있는 통찰력도 업무 수행에 필요한 능력이다.

6. 인사

(1) 직무의 목적

조직의 경영목표와 전략에 맞는 인재를 채용하고 배치한 후 교육, 보상 등을 제공함으로써 조직의 목표달성을 목적으로 한다.

(2) 주요 업무

우수 인력을 확보하고 유지하는 역할을 수행한다.

(3) 직무역량

① 동기부여(임직원 사기 제고)

임직원들이 즐겁게 일할 수 있는 직장문화를 만들고, 공정한 성과평가가 이루어질 수 있도록 합리적인 틀을 제시한다. 또한 이에 상응하는 보상시스템을 구축하여 직원의 경력계발 통로를 제공함으로써 개개인이 비전을 가질 수 있도록 한다.

② 존중과 배려

직원들의 다양한 생각과 의견을 수용할 수 있는 폭넓은 사고력 및 수용성을 항상 견지하고 있어야 하며 열정 · 창의 · 정직이라는 기업의 핵심가치를 기반으로 하는 가치실천을 지원할 수 있는 역량이 필요하다. 또한 조직 운영상 발생하는 수많은 커뮤니케이션을 원활히 할 수 있는 의사소통능력을 요구한다.

③ 변화 주도 리더십과 문제해결 능력

회사 조직이 정체되지 않고 지속적인 성장과 발전을 추구할 수 있도록 변화하고 관리하는 역할로, 조직의 변화를 앞서 이끌어 갈 수 있는 리더십과 조직 내에서 발생하는 이슈를 정확히 분석, 파악하여 올바른 방향으로 제시할 수 있는 문제분석 및 해결능력이 필요하다.

④ 전문성

채용, 평가보상, 조직문화 관리, 인력운영 등 인사 업무에 필요한 지식이 요구된다.

7. 교육

(1) 직무의 목적

조직의 경영목표와 사업전략에 맞게 교육방향을 결정하고, 구성원이 성장하여 조직의 성과달성에 기여할 수 있도록 한다.

(2) 주요 업무

① 경영환경에서 발생된 여러 문제 가운데 교육훈련의 필요성을 정확히 파악하여 다양한 교육 솔루션을 제공하는 업무를 수행한다.

② 구성원의 다양한 교육 니즈를 파악하고 이를 충족시킴으로써 개인의 잠재역량

이 최대화될 수 있도록 지원하며, 이를 통해 구성원의 조직 몰입을 높여 회사의 경쟁력 향상에 기여한다.

③ 효과적인 교육을 통해 구성원의 자기개발을 적극적으로 지원하는 업무를 수행한다.

(3) 직무역량

① 열린 마음과 유연함

구성원들의 작은 목소리에도 귀 기울일 수 있는 마음가짐이 무엇보다 중요하다. 경영전반에 관한 지식뿐만 아니라 기본적으로 사람을 좋아하고, 구성원의 성장에 대한 많은 관심을 요구하는 직무이다.

② 의사소통 및 대인관계 능력

여러 이해관계자와 업무를 하는 동시에 구성원의 다양한 교육적 요구, 소수의 의견도 적극 수용할 수 있는 열린 마음과 유연함을 갖추어 회사와 구성원들 사이의 가교 역할 및 소통의 창이 될 수 있도록 원활한 커뮤니케이션, 원만한 대인관계 능력을 요구한다.

③ 분석적 사고와 논리적 사고

구성원들의 다양한 교육적 니즈와 조직의 이슈들을 분석하고 이에 적합한 교육 솔루션을 이끌어낼 수 있는 분석적 사고와 효율적 교육과정을 기획, 설계하기 위한 논리적 사고가 요구된다.

④ 지속적인 자기개발

조직의 전략 방향성에 맞게 변화를 추진하는 인재를 육성, 지원할 수 있어야 한다. 이를 위해 다양한 교육이론과 기법 등의 전문적 HRD 지식뿐만 아니라 경영 마인드를 기반으로 경영환경 이슈와 트렌드에 대한 지속적인 학습이 필요하다.

Part 3

영업&마케팅 직무분석

• • •

1. 해외영업

(1) 직무의 목적

해외시장에 대한 중장기 시장예측과 효과적인 대응전략을 수립하고 실행하여 안정적인 영업기반을 구축하고 차별화된 제품과 서비스를 공급한다. 시장변화에 대응하고 고객의 니즈를 충족하여 회사의 지속적인 성과 창출에 기여한다.

(2) 주요 업무

해외영업 직무는 수출 및 이와 관련된 제반 관리 업무수행을 의미한다. 해외영업 담당자의 업무는 크게 판매(상담, 계약, 출하, 수금, 재고관리) 및 고객관리로 나눌 수 있다.

(3) 직무역량

① 대인관계 및 의사소통 능력

대외적으로 해외 거래선 관리 및 신규시장을 개척하고, 회사 내에서는 마케팅 부서, 생산/상품개발, 연구개발 부서와 교류가 많기 때문에 대인관계 및 의사소통 능력이 요구된다.

② 열린 마음과 유연성

현지 거래처 및 파트너의 다양한 생각, 의견을 수용할 수 있는 열린 마음과 유연함을 갖추어야 하며, 회사와 거래처 사이의 가교 역할로 커뮤니케이션을 하는데 있어서 신중하고 치밀한 능력을 갖추어야 한다.

③ 추진력과 협상력

단순 무역, 수출업무 처리가 아닌 해외 현지의 사업가 및 개척자 역할을 수행하기 위해서는 해외 현지의 이해를 바탕으로 상품을 소개하고 판매를 이끌어 내는 추진력이 필요하다. 또한 다양한 거래처들의 생각과 조직의 이슈들을 분석, 파악하여 이에 대한 해결책을 이끌어내어 거래를 성사시키는 협상력이 요구된다.

④ 글로벌 역량 (외국어 능력 및 비즈니스 마인드)

해외 현지 국가에 해당하는 능숙한 의사소통 능력과 소비자, 거래처를 기반으로 한 폭넓은 분석력, 사고능력이 필요하다.

2. 마케팅

(1) 직무의 목적

마케팅이란 소비자를 잘 이해하여 제품이나 서비스에 대한 고객의 니즈를 창출하고, 이를 충족시킴으로써 자발적인 구매가 이루어지도록 하는 것을 목적으로 한다.

(2) 주요 업무

마케팅 전략(환경요인/ 소비자-경쟁사-자사/ SWOT분석/ STP/ 4P Mix 등)을 수립하고, 새로운 상품을 기획, 개발하여 회사의 매출신장과 수익률 제고에 기여하는 역할을 한다.

이를 위한 주요 업무로 시장조사, 분석, 마케팅 전략수립, 마케팅 활동 및 성과관리 등의 업무를 수행한다.

(3) 직무역량

① 의사소통 및 대인관계

수립한 마케팅 전략을 토대로 그 전략을 실현하기 위한 마케팅 활동계획(Action Plan)을 수립한다. 또한 관련부서와 협업하여 마케팅 활동이 원활히 전개될 수 있도록 조정, 지원한다. 특히 시장에서 실제로 마케팅 활동이 효과적으로 실행될 수 있도록 영업부서와 지속적으로 협의하고 지원한다.

② 분석력 및 기획력

- 시장에서 고객의 니즈와 트렌드를 조사하고 이를 바탕으로 수요를 분석, 예측한다.
- 경쟁사 및 경쟁 상품의 동향을 파악하고, 자사의 전략과 상품에 있어 경쟁우위와 차별화 요소를 분석한다.
- 시장분석 자료를 바탕으로 고객만족과 판매와 브랜드 가치를 극대화할 수 있는 마케팅 믹스전략(4P전략)을 수립한다.
- 이러한 마케팅 활동을 전개한 후에는 비용대비 효과 측정을 포함한 종합적으로 성과를 분석하여 향후 마케팅전략에 반영한다.

3. MD

(1) 직무의 목적

전문지식을 가지고 고객이 원하는 것을 상품화 시켜 판매율을 높이고 궁극적으로 기업의 매출과 이익창출에 기여하는 것을 목적으로 한다.

(2) 주요 업무

고객의 충족되지 않은 니즈와 트렌드를 반영한 상품을 소싱, 기획, 개발하여 고객에게 편익과 가치를 제공하는 업무를 수행하며 주요 업무는 다음과 같다.

① 시장 및 고객의 니즈를 파악한다.

② 신상품을 발굴하고, 기존 상품의 업그레이드를 기획한다.

③ 협력사, 사내 유관부서와 협력하여 업무를 수행한다.

④ 판매 전략을 수립하고 실행에 옮긴다.

⑤ 고객 분석, 판매관리와 판매결과 분석업무를 진행한다.

(3) 직무역량

① 의사소통 및 대인관계

MD는 우수한 상품을 제공할 수 있는 협력회사 발굴과 협력관계 유지가 중요한 업무 중 하나이다.

② 예리한 안목과 센스

시장 및 고객의 니즈와 트렌드 파악을 위해 예리한 안목과 센스가 필요하다.

③ 분석력, 기획력 및 통찰력

MD는 영업활동을 통해 회사와 협력사의 손익에 중대한 영향을 미치는 위치에 있다. 또한 상품을 개발하고, 라이프 사이클을 관리하며, 타이밍에 맞는 판단을 하게 된다. 기초 사업 수익성 분석뿐만 아니라, 고객, 상품에 대한 정보를 수집하고, 분석하고, 해석하고, 판단할 수 있어야 한다.

④ 글로벌 마인드

각종 매체와 소비자 니즈에 발 빠른 대응을 위해 국내뿐 아니라 해외 우수상품에 대한 빠른 접근이 필요하다. 이를 위해 해외박람회 참관 및 인터넷 등을 활용한 정보 습득이 필요하며 외국어능력이 요구된다.

Chapter
6

기업분석

Part 1

업종분석

● ● ●

1. 업종의 특징

업종의 특징을 이해하는 것은 매우 중요하다. 경기에 직접적으로 영향을 주는 요인이기 때문이다. 기업들은 업종의 특징을 파악하고 경기의 변동에 따라 사업추진 방향을 결정하게 된다. 희망업종의 특징을 이해하게 되면 기업분석은 물론 토론면접과 PT면접을 준비하는데 많은 도움이 된다.

업종의 특징	업종
① 정부정책에 영향을 받는다 ② 유가에 변동 영향을 받는다 ③ 원자재 변동에 영향을 받는다 ④ 환율 변동에 영향을 받는다 ⑤ 금리 변동에 영향을 받는다 ⑥ 부동산 시세에 영향을 받는다 ⑦ 가계부채에 영향을 받는다 ⑧ 곡물가격 변동에 영향을 받는다 ⑨ 장치산업이다 ⑩ 소재산업이다 기타 내수산업, 경기변동 등	건설 / 무역 / 반도체 LCD / 방송 & 엔터테인먼트 유통 (백화점 및 대형마트) 식음료 / 자동차 / 정보가전 조선 / 철강 / 통신 항공 / 호텔 / 해운

116

2. 업종분석 사례(식품업종)

(1) 식품업종 분석

식품업종은 설탕, 밀가루, 식용유 등 기초가 되는 소재식품과 소비자가 빠르게 가공하여 간편하게 먹을 수 있는 가공식품으로 구성된다. CJ 제일제당의 경우 바이오 부문과 제약 부문을 포함한 생명공학산업과 사료 부문까지 포함하는 종합식품기업이다.

(2) 식품업종의 특징

① 내수중심의 산업이다. 해외매출의 비중이 늘고 있으나 여전히 다른 업종에 비해 국내매출의 비중이 높다. 국내의 인구성장과 소득수준이 정점에 달해 식품시장의 규모도 포화상태에 이른 성숙산업이다.

② 원당, 대두, 원맥, 옥수수 등 원재료를 대부분 수입에 의존하여 농산물 작황과 환율변동에 영향을 많이 받는다.

③ 식품이 생활필수품이라 경기변동에 영향을 적게 받는다.

④ 제품에 따른 차별성을 소비자가 느끼기 어려워 브랜드 인지도에 따라 소비하는 경향이 높다. 따라서 브랜드 인지도가 중요하다.

⑤ 대형마트, SSM 등 유통업체를 통한 판매가 대부분이라 유통업체와의 협력체계가 중요하다.

Part 2

외부환경분석

• • •

1. 외부환경분석이란?

외부환경분석(PEST)은 정치 법규적인 측면(Political), 경제적인 측면(Economic), 사회문화적인 측면(Social), 기술적인 측면(Technological)으로, 외부환경을 4요소로 나누어 분석하는 방법이다.

(1) 정치, 법규적 측면은 정부의 정책방향이나 개혁방향, 규제에 대한 철폐 등이 포함된다.

(2) 경제적 측면은 환율이나 GDP 성장, 이자율 등 이에 따른 경제적인 요인들을 포함하게 된다.

(3) 사회문화적 측면은 노령화나 저출산에 따른 문제 등의 인구추세 변화나, DINK족, 싱글족과 같은 고객 라이프스타일의 변화, 여성의 사회 참여에 따른 변화와 같은 사회, 문화적 요인들이 포함된다.

(4) 기술적 측면에서는 인터넷의 발달이나 기술적인 진보에 따른 변화 부분을 분석하게 된다.

정치/법규적 측면(Political)	경제적 측면(Economic)
정치제도 정치개혁 규제철폐 무역자유화	GDP 인플레이션/디플레이션/스태그 플레이션 금리 환율 유가(에너지)
사회/문화적 측면(Social & Cultural)	기술적 측면(Technological)
인구추세(노령화, 저출산) 고객라이프 스타일(DINK족, 싱글족) 가치관 환경	정보기술 진화 새로운 미디어 (SNS 등) 혁신적 기술

2. 외부환경분석(PEST)이 왜 중요한가?

시사상식, 토론면접, 경우에 따라서 PT면접을 준비하는데 큰 도움이 된다. 시사상식이나 토론면접 주제들이 대체로 지원기업의 경영활동에 영향을 끼치는 정부의 정책, FTA, 노령화, 저출산 등 PEST 분석 요소들로 구성되기 때문이다. 단순히 사실을 알고 있는 수준이 아니라 '기업경영에 끼치는 영향과 그 대책을 함께 준비할 수 있다는 점'에서 지원자의 기업에 대한 관심과 열정을 보여줄 수 있는 기회가 될 수 있다.

Part 3

SWOT분석

• • •

일반적으로 SWOT분석을 위해 SWOT 매트릭스를 활용한다. 기업내부의 강점 (Strengths)과 약점(Weaknesses), 외부환경의 기회(Opportunities)와 위협(Threats)을 매트릭스로 연결시켜 기업의 기본전략을 수립하는 기법으로, 많은 구직자들이 이용하고 있다.

1. SWOT분석의 의의

SWOT분석은 단순하게 강점, 약점, 기회요인, 위협요인으로 분류하는 것에서 끝나는 것이 아니다. 아래와 같은 4가지 전략적 시사점을 도출하는 것이 진정한 SWOT 분석의 의의라 할 수 있다.

(1) 강점-기회요인

강점을 통해 기회를 살리는 전략

(2) 강점-위협요인

강점으로 위협을 최소화하는 전략

(3) 약점-기회요인

약점을 보완하여 기회를 살리는 전략

(4) 약점-위협요인

약점을 보완하면서 위협을 최소화하는 전략

	강점(Strengths)	약점(Weaknesses)
기회 (Opportunities)	강점으로 비즈니스 기회를 극대화하려면 어떤 전략이 필요한가? (비즈니스 강화 전략)	약점을 보완하여 기회를 살리려면 어떤 전략이 필요한가? (비즈니스 제휴/ 신규 비즈니스)
위협 (Threats)	외부의 위협요인을 강점을 통해 기회로 반전하려면 어떤 전략이 필요한가? (비즈니스 모델 차별화)	약점을 보완하면서 위협을 예방하려면 어떤 전략이 필요한가? (방어 또는 회피 전략)

2. SWOT분석이 왜 중요한가?

기업 SWOT분석 과정을 거치면서 업종, 지원기업, 경쟁사, 고객에 대한 이해도가 높아진다.

(1) 많은 업종 중에 왜 이업종을 선택하게 되었는지 명확히 설명할 수 있다.

(2) 지원한 업종영역에 비즈니스를 하는 많은 기업이 있다. 왜 이 회사인지를 구체적으로 설명할 수 있다.

(3) 자기소개서에서 직무에 지원한 동기와 입사 후 포부를 작성하는 데 훨씬 수월해진다.

(4) 토론면접과 PT면접에서 SWOT분석 노력이 큰 빛을 발휘한다.

Part 4
기업분석 사례

• • •

1. 현대자동차 기업분석

(1) 자동차산업의 특성

자동차산업은 일반적으로 선진국형 산업으로 분류되고 있으며, 후발국에 대한 시장 참여의 제한성 외에도 산업 자체가 가지고 있는 특성 때문에 신규시장으로 진입하는데 어려움이 많다. 자동차산업이 어타 산업과 비교하여 갖게 되는 특징은 다음과 같다.

- 광범위한 관련 산업을 가진 산업으로서 노동집약적이며 고용인원이 대량으로 많다.
- 초기 투자비용이 큰 대규모 장치산업으로서, 고정비용이 아주 많이 들어서 산업 참여의 기회비용이 매우 높다.
- R&D 비용이 많이 들고, 신제품 개발 비용이 엄청나다.

이러한 이유에서 자동차산업은 국가기간산업으로서 역할과 기능을 갖게 되는 것이며, 국가적 관심도가 높을 수밖에 없다.

한편 자동차 상품의 특징은 자동차 수요가 산업경기에 크게 좌우되는 대표적인 경기산업이기 때문에 제품수명 주기가 짧다는 점이다. 자동차의 평균 제품 수명주기는 일반적으로 5년 이내로서, 경영수지 측면에서 볼 때 신제품 출시 이후 20만대 이상을 판매해야 손익분기점에 이를 수 있는 규모의 경제 산업이다. 따라서 제품 개발에서 판매에 이르기까지 원활한 경영 흐름이 요구된다. 이와는 별도로 자동차는 오늘날 대표적인 환경 관련 산업으로서 정부정책에 민감한 영향을 받는다. 결론적으로 자동차산업은 해당 지역경제 및 국가경제에 미치는 비중이 아주 크지만, 환경과 관련된 제약을 받거나 지탄 받을 소지 또한 큰 산업적 특성이 있다고 평가할 수 있다.

(2) 국내 자동차시장 분석

국내 자동차시장에서는 압도적으로 독점적인 위치를 차지하고 있다. 그 때문에 국내에서는 딱히 경쟁기업이라고 할 만한 기업이 없다. 그러나 최근 수입차에 대한 부정적인 인식이 사라지면서 수입차의 점유율이 6%를 돌파하였다. 이에 따라 현대자동차는 국내 자동차시장에 대한 전략과 대응책이 필요하다.

(3) 세계 자동차시장

21세기 초 시작된 10년간의 경쟁이 막바지에 접어들며, 세계 자동차시장의 '빅뱅'이 예견된다. 이처럼 향후 2~3년이 우리 자동차산업의 진로를 결정할 중요한 시기이지만 현대자동차의 장래는 그리 밝지 못하다. 지금과 같은 환율, 내수 및 수출, 파업, 임금 인상이 2~3년간 지속된다면 현대자동차는 글로벌 경쟁력을 상실하는 위기상황을 맞게 될 것이다.

(4) 자동차산업의 핵심 경쟁요소

자동차산업의 핵심 경쟁요소는 제품력과 마케팅력, 비용 경쟁력을 들 수 있다. 이 세 가지 요소는 시장 지배력을 강화하고 비용 절감 및 수익성을 확보하는 데 결정적인 영향을 미치는 변수이다.

① 가장 중요한 제품력은 차량의 성능, 안전성, 디자인, 품질, 신기술 등 제품에 대한 만족도를 극대화시켜 경쟁우위를 점할 수 있게 해준다.
② 마케팅력은 고객이 원하는 상품 콘셉트 창출 및 신제품 출시, 광고, 판매 및 A/S 망 구축 등을 매개로 하여 고객을 적극 창출함으로써 경쟁력을 높인다.
③ 비용 경쟁력은 신제품 개발비용, 양산차 제조생산성, 간접인력의 생산성, 금융 비용 등을 포함하는 총체적인 비용개념으로 가격경쟁력과 수익성에 결정적인 영향을 미치고 있다.

이 세 가지 경쟁요소는 산업 환경의 변동에 따라 상대적 중요도가 변화하는 특징을 보이고 있다. 경제 호황기에는 제품력을 위주로 고부가가치를 추구하는 반면, 경제 침체기에는 비용 경쟁력과 마케팅력을 기반으로 수익성을 보전하려는 경쟁양상이 나타나고 있는 것이다.

(5) 현대자동차 개요

현대자동차는 내수시장에서 50%의 점유율을 보이는 국내 1위의 완성차업체로 38%의 지분을 가지고 있는 기아차 생산량까지 합하면 세계 7위의 자동차 생산업체이다. 차종별 국내시장 점유율은 승용차 52.0%, RV 38.9%, 기타 상용차 77.1%에 이르고 있다. 내수 대 수출 비중은 40대 60으로 수출 비중이 높은 편이다. 주요 모델로는 쏘나타, 그랜저, 아반떼, 싼타페, 투싼, 그레이스, 포터 등이 있다. 국내 완성차 생산 공장은 울산(소형차, 소형트럭), 전주(상용차), 아산(그랜저, 쏘나타)에 있으며 중국, 인도, 터키, 미국에 국외생산법인이 있다.

(6) SWOT분석

Strengths	Weaknesses
● 국내 시장점유율 선점 경쟁우위 강점 ● 선진국, 개도국에서 현지 완결형 생산 체제 구축 ● 기술력 고(高) R&D 측면에서 우위	● 국내 생산 가격경쟁력 약화, 경직적 노사 관계 ● 규모의 경제에 따른 부작용(재고 부담) ● 지배구조 리스크 ● 철강산업 직접투자, 비관련 다각화 ● 생산 현지화 고전 ● 선진업체 대비 낮은 생산성과 높은 임금
Opportunittes	Threats
● 내수 시장 회복이 본격화됨에 따라 완성차 판매량 증가예상 ● 국내시장재편 및 국외생산체제 구축 완료로 글로벌 점유율 확대, 매출성장과 마진확대 기대 ● 한 · 미 FTA 타결	● 중국의 거센 도전 ● 고급차시장에서의 수입차의 거센 도전 ● 치솟는 유가 ● 자동차 관련 세율인상 및 환경규제 강화

① 강점(Strengths)

● 국내 시장점유율 선점 경쟁우위 강점— 마켓리더로서의 선도적 위치 때문에 시장 영향력 행사가 절대적이며 탄탄한 국내 판매망을 갖고 있다. 아울러 국내시장에서 소비자 인지도 역시 높은 편이다.

● 선진국, 개도국에서 현지 완결형 생산체제 구축— 수출의 역사와 경험이 풍부해 다수의 국외 판매망 및 거점을 확보하고 현지에서 완결되는 생산체제 구축을 위하여 많은 공장을 외국에 설립하였으며 앞으로도 늘려갈 계획이다.

- 기술력 고(高) R&D 측면에서 우위 — 독자기술기반이 확립되어 있어서 R&D 측면에서 우위를 지니고 있다. 특히 현대자동차는 도요타가 주력하는 하이브리드보다 호평 받는 클린 디젤에서 강자로 부상했다. 미국 경쟁업체보다는 6년, 디젤엔진을 가진 혼다보다도 3년가량 앞서 있다는 평가다.

② 약점(Weakness)

- 국내 생산 가격경쟁력 약화와 경직적 노사관계 — 세계 자동차산업의 경쟁 양상은 브랜드 경쟁 및 가격경쟁으로 요약되는데 협조적 노사관계를 바탕으로 한 높은 생산성 유지는 장기 성장의 전제조건으로 인식되고 있다. 지난 19년 동안 한 해를 빼고는 계속 파업을 벌인 자동차회사 노조는 세계에서 유례를 찾기 어렵다. 노조가 회사를 파트너가 아닌 투쟁의 대상으로 여기는 것이 가장 큰 문제다. 회사 측의 미흡한 노사관리도 현대자동차 노사문제를 곪아 터지게 하는 데 한몫했다. 현대자동차의 원만하지 못한 노사관계는 낮은 생산성과 브랜드 이미지의 하락은 물론이고 엄청난 손실을 불러왔다. 많은 전문가가 현대자동차의 노사관계가 성장의 가장 큰 걸림돌이라고 지적한다.

- 규모의 경제에 따른 부작용(재고 부담) — 경기에 민감하면서도 취약점이 많은 대량생산·대량판매 시스템을 채택하고 있기 때문에 틈새시장 수요창출이 약하며 경기가 하강하거나 침체하면 재고에 대한 부담이 상대적으로 크다는 점을 우선으로 들 수 있다.

- 지배구조 리스크 — 대부분의 기업에서 나타나는 바와 같이 급격히 형성된 거대 조직 때문에 의사결정 과정이 복잡하고 의사결정 속도가 느려 환경변화에 민첩하게 대응하기가 어렵다. 이러한 경직적인 사고는 조직 구성원의 유연성 확보를 어렵게 하고, 관료주의 의식에 젖게 하는 문제점을 만든다.

- 철강산업 직접투자와 비관련 다각화 — 현대그룹이 1990년대 제철사업 진출이

무산된 것이 오히려 복이었다는 평가가 있었지만, 이번 현대자동차그룹의 제철사업 진출은 요즘 국내외로부터 무리한 외연 확장이라는 평가를 받고 있다.

● 생산 현지화 고전— 앞서 언급한 현지 완결형 생산체제 구축이 강점으로 작용할 수 있으나, 환리스크 탈피를 위해 택한 세계화, 특히 생산의 현지화가 위태롭다는 점이 약점으로 작용하고 있다. 비록 인도에서는 그나마 선전하고 있지만, 주력시장인 미국 앨라배마공장과 중국공장은 위태로운 지경에 빠져 있다. 계속해서 쌓여만 가는 재고 때문에 몇 번이나 공장가동을 중단해야 했다.

● 선진업체 대비 낮은 생산성과 높은 임금— 현대자동차 근로자는 도요타 근로자보다 생산품을 적게 만들고, 회사 이익에 적게 기여하면서 월급은 더 많이 받는다. 현대자동차가 자동차 한 대를 조립하는 데 걸리는 시간은 31.1시간이다. 도요타의 22.1시간은 물론, 쇠락하고 있다는 GM의 22.1시간, 포드의 23.2시간에도 크게 뒤진다. 현대자동차의 영업이익은 도요타의 15분의 1 수준에 머물고 있다.

③ 기회(Opportunity)

● 내수시장 회복이 본격화됨에 따라 완성차 판매량 증가예상

● 국내시장 재편 및 국외생산체제 구축완료로 글로벌 점유율 확대, 매출성장과 마진확대 기대— 아직 미개척 국외시장이 존재하고 있어 이를 개방과 수용의 보완기회로 활용하면 상당한 경쟁력 확보가 가능할 것이다.

● 한·미 FTA 타결— 배기량 3,000cc 이하 차량에 대한 미국의 관세 철폐로 미국시장에서 가격 경쟁력을 높일 수 있고, 특소세 인하로 자동차 내수시장 활성화가 기대된다.

④ 위협(Threat)

- 중국의 거센 도전— 중국 자동차산업은 무섭게 성장 중이다. 지난해 내수판매 722만대로 중국이 일본을 제치고 세계 2위 시장으로 부상했으며 올해 900만 대, 내년엔 1,000만 대 돌파가 예상된다. 아직 중국 자동차 하면 값싼 차를 떠올리기 쉽지만, 현재와 같은 성장속도라면 한국을 따라잡을 날이 머지 않은 것이다.

- 고급차시장에서의 수입차의 거센 도전— 혼다에 이어 닛산까지 고급차 판매만 으로는 성에 안 차 대중차 분야의 한국 진출을 선언하고, 도요타마저 시기를 저 울질하고 있다. 수입차의 국내시장 점유율은 아직 5%를 채 넘지 않았지만, 고 급차 분야에서는 많은 사람의 인식이 바뀌었다.

- 치솟는 유가— 계속되는 유가 상승 때문에 많은 사람이 자동차 구매를 포기하 거나 배기량이 적은 자동차를 구매함으로써 자동차시장에도 큰 영향을 미치고 있다.

- 자동차 관련 세율인상 및 환경규제 강화— 휘발유 값이 계속 인상될 가능성이 큰 가운데 법적 변화에 따라 자동차 보유 관련 법규 및 세제가 강화되고 있는 것도 간접요인으로 작용하고 있다.

(7) 다섯 가지 경쟁상황

① 대체제의 위협

승용차에 대한 대체재로 대중교통수단이 있지만, 이들 역시 완성차업체에 의해 제 조되기 때문에 완성차에 대한 대체재는 없다고 볼 수 있다.

② 산업 내 기존 기업들과의 경쟁

현재 현대자동차는 대우자동차가 매각된 이후 국내 자본의 유일한 자동차회사로 서, 경쟁사들로는 한국GM, 르노삼성, 쌍용자동차가 있다. 한국GM 같은 경우에는 최근 많이 좋아지고 있지만 부정적인 이미지가 강하기 때문에 신뢰도 회복이 쉽지 않은 상황이고, 르노삼성은 차종이 적어 경쟁이 되지 않는다. 마지막으로 쌍용자동차 같은 경우도 중국상하이자동차에 이어 인도 마힌드라에 매각되었다는 점 때문에 이미지가 상당히 떨어졌으며, 차종 역시 지프 쪽에 한정되어 현대자동차와 경쟁이 되지 않는다. 제재를 가하는 정부의 도움으로 수입차의 국내 판매량이 10%를 넘지 않기 때문에 전 기종에 대해 다양한 모델을 가지고 브랜드 인지도가 좋은 현대자동차 쪽으로 소비자들이 기울게 된다. 따라서 국내시장점유율 50% 이상을 확보하는데 큰 어려움이 없어 보인다. 그러나 수입차의 점유율이 늘어가고 있어 방심해서는 안 된다.

세계시장에서 현대는 현재 7위에 있다. 10년 안에 전세계적으로 다섯 곳의 자동차 기업만이 살아남는다는 전망이 있으며 갈수록 치열한 경쟁이 심화하고 있다. 지난 100년간의 자동차 역사는 유럽과 미국의 자동차산업이 이끌어 왔지만, 전환점에 놓여 있는 지금은 이미 도요타를 위시한 일본 자동차산업이 사실상 독주하고 있다. 현대자동차로선 일본차에 밀려 성장에 다소간에 차질을 빚을지도 모른다. 이 때문에 하이브리드와 수소연료 자동차 부분에 대한 연구개발과 시장선점이 치열할 것으로 예상한다.

③ 구매자의 교섭력

현대자동차를 사는 일반 소비자들은 현대자동차보다 교섭력이 상당히 약하다. 자동차업체들이 제한되어 있으며 모델 또한 상당히 제한적이기 때문이다. 그리고 수입차는 정부의 보호정책 아래 상당한 고가에 팔기 때문에 쉽게 사기 어렵다. 그래서 전 기종에 걸친 모델을 두루 가진 현대자동차를 살 수밖에 없는 시장상황이기 때문에 고객에 대한 현대자동차의 교섭력은 상당히 강하다고 볼 수 있다. 그러나 이것은 국내에만 해당하는 이야기이고 글로벌시장에서는 현대자동차의 고객에 대한 교섭력은 약하다. 세계 자동차시장에서 현대자동차의 점유율은 미미하므로 소비자들이 선택할 수 있는 폭이 넓고 가격 인하, 품질향상, 또는 서비스 개선을 요구할 수 있다.

④ 공급자의 교섭력

현대자동차는 현대에 부품을 납품하는 자동차 부품업체에 대한 협상력이 높다. 현대자동차 노조의 파업과 국외 수출에서 가격 경쟁력을 높이기 위해서 협력업체들에게 무리하게 낮은 단가로 부품을 요구하고 있으며, 소규모 하청업체 같은 경우에는 울며 겨자 먹기로 무리한 납품을 할 수밖에 없는 처지다. 현대자동차에 납품할 때 그에 맞는 부품생산라인을 세우기 때문에 다른 업체로 납품하기 위한 비용·전환이 크기 때문이다. 그뿐만 아니라 정기적인 단가인하 압력을 행사하여 부품업체의 불만을 사고 있다.

⑤ 잠재적인 진입자

자동차산업은 워낙 규모의 경제가 중요시되고 이에 따라 초기 투자비용이 엄청나기 때문에 진입 장벽이 매우 높아서 대기업이라고 할지라도 섣불리 진입하기 어렵다. 진입을 한다해도 M&A를 통한 진입이 아니라면 시장 점유율을 확보하기가 어려워서 이런 잠재적 진입자의 위협은 적다고 볼 수 있다.

(8) 현대자동차의 핵심 성공요소

핵심 성공요소	산업 내 경쟁적 위치		
	강	중	약
시장점유율	○(국내)		
각 제품의 시장 성장률		○	
제품라인의 다양성		○	
판매 유통의 효율성		○	
보유자산 가치		○	

가격경쟁력		○	
광고·홍보의 효과성			○
산업설비의 위치성과 신규설비 장착율	○		
노동생산성			○ (선진업체대비)
경험곡선 효과		○	
부가가치 창출			○
상대적 제품 품질		○	
R&D 우위/위치	○		
현금 확보 및 흐름		○	
고용인원의 우수성		○	
기업 이미지			○

(9) 경쟁우위 전략: 가격대비 품질이 좋은 차

경쟁우위의 유형은 제품을 낮은 비용으로 만드는 비용 우위전략과 고객에게 높은 가치를 주는 독특한 제품, 서비스를 창출하는 차별화 우위전략이 있다.

자동차시장은 전형적인 과점시장의 형태를 띠고 있기 때문에 현대자동차는 뛰어난 디자인과 광고, 품질을 강조하는 차별화 우위를 내세우고 있으며 효율적인 규모의 설비투자와 제작이 용이한 제품 디자인, 간접비와 연구개발비용을 증가시키는 비용 우위를 사용하고 있다. 두 가지의 우위전략은 상충 관계여서 두 개 다 달성하기는 어렵지만, 현대자동차는 '가격대비 품질이 좋은 차'를 만드는 데 주력하고 있다.

① 차별화 우위전략

● 품질경영— 정몽구 회장은 품질 경쟁력을 높이기 위해 지난 2000년부터 핵심전략을 품질경영에 두었다. 그 성과로 안전성은 충돌테스트에서 최고치를 기록했으며, 아반떼HD는 주유 한 번으로 국내 전국일주를 할 수 있을 정도의 높은

연비를 자랑하고, 블라인드 테스트에서 쏘나타가 도요타의 동급 차량보다 우위를 차지했다. 또한, 미국 JD파워 대형차 부분에서 그랜저(수출명 아제라)가 1위를 차지하는 등 뛰어난 품질을 자랑하고 있다.

● 광고전략— 현대자동차는 '10년 10만 마일 보장', '블라인드 테스트에서 도요타 제품보다 우위', '안전성 테스트에서 최고치 기록'의 광고를 통해 신뢰와 더불어 브랜드 이미지를 제고했다.

② 비용 우위전략

자동차산업 부분은 규모의 경제가 매우 중요한 산업이기 때문에 비용 우위전략을 기업의 사활로 걸 만큼 중요하다. 이러한 관점에서 현대자동차의 비용 경쟁력은 신제품 개발비용, 양산차 제조생산성, 금융비용 등을 포함하는 총체적인 비용개념으로 가격경쟁력과 수익성에 결정적인 영향을 미치고 있다.

현대자동차는 이미 국내시장의 70% 정도의 점유율을 가지고 있으며 제조·생산면에서의 대규모 생산라인을 통한 규모의 경제로 인해서 비용 우위를 점하고 여기에서 나오는 막대한 자금력 때문에 높은 R&D 비용을 쏟아 붓고 있다.

(10) 현대자동차 국외진출의 성공 요인

현대자동차는 국내시장의 협소함을 인지하고 미국이라는 넓은 시장에 진출하려 했다. 79년 미국시장 진출이 실패한 원인은 미국시장 진출 시 받게 되는 검사에서 부적격 판정을 받아서였다. 그 이후 초점을 캐나다로 옮겨서 눈에 띄는 성공을 거둔다. 그리고 다시 미국시장에서 성공을 거두며 현재 현대자동차는 세계 10위권에 드는 거대한 기업으로 성장하였다. 이렇듯 현대자동차가 해외시장에서 성공을 거두게 된 배경과 그 요인에 대해서 알아보자.

① 독자적인 제품기술 확보를 통한 압축 성장

현대자동차와 미쓰비시자동차의 역전 드라마는 현대자동차의 압축 성장을 단적으로 잘 보여준다. 미쓰비시는 현대자동차에 엔진 기술을 전수한 스승이었지만, 지금은 로열티를 내고 현대자동차의 기술을 가져다 쓰는 처지가 되었다. 서로의 위치가 바뀐 것이다. 생산, 판매, 기술, 품질 등 모든 면에서 미쓰비시는 현대자동차의 경쟁 상대가 못 된다.

현대자동차는 1973년부터 기술자립전략을 세워 각고의 노력 끝에 독자적인 제품기술을 확보했다. 승용 디젤엔진을 비롯해 소형 및 초대형 상용 디젤엔진에 대해서는 독자기술을 갖추고 있으나 중소형, 중형, 대형급 상용 디젤엔진은 일본 미쓰비시로부터 기술을 이전받아 왔다. 하지만 순수 독자기술로 중소형, 중형, 대형 상용 디젤엔진 개발에까지 성공해서 소형에서부터 초대형에 이르는 상용 디젤엔진의 완전 독립을 선언했던 것이다.

이로써 현대자동차는 순수한 독자기술을 통한 승용 · 상용 디젤엔진 풀라인업을 구축하게 됐으며, 승용에 이어 상용부문에서도 글로벌 경쟁력 확보의 교두보를 마련하게 된 것이다. 수많은 개도국이 자국의 자동차산업 육성에 나섰지만 끝내 성과를 거두지 못한 것도 다름 아닌 독자기술 획득에 실패했다. 현대자동차의 이러한 성공요인은 바로 독자적인 기술 확보였던 것이다.

② 정몽구 회장의 리더십

외환위기 이후 정몽구 회장 체제에 들어서면서 현대자동차는 놀라운 성장을 거듭했다. 이전 30년간의 기반이 있었기에 가능했지만, 최근 10년간의 압축 성장은 이전 30년을 뛰어넘는다는 것이 전문가들의 대체적인 평가다. 현대자동차가 외환위기에서 조기에 탈출할 수 있었던 것도 정 회장의 리더십에 있었기에 가능했던 것이다.

외환위기 이후 10년간 현대자동차의 가장 큰 성과 중 하나로 'Globalization'을 꼽을 수 있다. 인도공장을 증설하고, 중국에 생산거점을 확보함으로써 신흥개도국의 수요를 선점하면서 이를 바탕으로 지금까지 높은 성장세를 유지할 수 있었다.

내수시장은 외환위기 직후인 1998년을 바닥으로 1999년부터 급격히 회복됐고, 이 시기 환율 상승은 오히려 좋은 수출 환경을 제공했다. 여러 가지 이유로 '재무적 리스크'를 증가시키는 '글로벌 확장전략'에 반대가 많았지만, 정 회장은 과감하게 국외진출 전략을 밀어붙였다.

③ 품질 제일주의

정 회장은 취임 초기 리콜 사례가 빈발하자 현대자동차의 관리자급 임직원들로부터 '신차 결함 때는 어떠한 책임도 감수하겠다'는 각서를 받기도 했다.

정 회장은 '6시그마 제도'를 도입하고 TQC(전사적 품질관리), VE(가치공학), TPM(전사적 예방보전), CR(원가절감) 등 다양한 품질개선운동을 전개했다. 2002년에는 품질총괄본부를 설치했고 2003년에는 북미에도 국외품질조직을 신설했다.

지난 2000년 미국에서 '10년 10만 마일 보증제도'를 도입할 때 주변에서 재무적 부담이 너무 커질 수 있다며 극구 만류했지만, "고장 나지 않는 차를 만들면 될 것 아니냐"며 저돌적인 추진력을 보여준 일화는 정 회장의 품질혁신에 대한 의지를 잘 보여준다.

④ 시장기회 요인

시장기회 요인으로는 먼저 북미시장의 경기 회복을 들 수 있다. 1980년대 중반을 고비로 북미시장은 산업경기가 회복세에 접어들었는데 이에 따라 자동차 수요가 증가했다. 한편 북미시장 최대의 자동차 수출국인 일본이 자율규제조치의 일환으로 소형차 위주에서 중형차 위주로 수출차종의 구조를 조정했는데 이 때문에 현대자동차의 전략형 소형차인 엑셀의 시장침투가 비교적 용이했다. 1985년 미국 플라자 합의 이후 상대적 엔고와 1달러당 800~900원대의 환율 상승의 이점으로 가격경쟁력까지 획득할 수 있었던 것으로 평가되고 있다.

⑤ 가격 우위

1987년 미국의 권위 있는 소비자 전문지인 《Consumer Report》지는 포니 엑셀의 미국시장 판매가를 5,195달러(기본형 가격 기준)로, 동급 차종인 도요타 터셀(5,845달러)에 비해 12.6%, 혼다 시빅(5,849달러)보다 12.6%, 닛산 센트라(6,299달러)보다는 무려 21.3% 저렴하게 발표했다. 또 포드 에스코트(6,585달러)에 비해서도 26.8%가 저렴했고, 같은 개도국인 브라질 폴크스바겐의 폭스(5,690달러)보다도 9.5% 저렴했다. 결국 포니 엑셀은 유고 자스타바의 유고(3,990달러)를 제외하면 미국시장에서 가장 저렴한 가격의 소형 승용차였던 것이다. 1996년 액센트의 미국시장 판매가격(기본형 가격 기준)은 8,285달러로 동급차종인 도요타 터셀의 판매가격(1만 348달러)보다 19.9% 저렴했다. 또 1996년식 엘란트라의 미국시장 판매 가격은 1만 899달러로 동급차종인 도요타 카롤라보다 17.6% 싼 것으로 나타났다. 미국시장 진출 초기인 1987년 포니 엑셀의 판매가격(5,195달러)이 도요타 터셀(5,845달러)에 비해 11.1% 저렴했던 점과 비교하면 일본 자동차와의 가격 우위는 여전히 큰 편이다.

⑥ 비용 우위

현대자동차는 1998년 기아자동차를 인수함으로써 '규모의 경제'를 누리게 됐다. 원재료 구매와 연구개발에서 큰 폭의 비용절감을 실현하고, 기아차와 더불어 내수시장에서 강력한 지배력을 확보할 수 있었다. 이는 수익성 증대로 이어졌고 현대자동차는 탄탄한 내수시장을 바탕으로 글로벌 확장전략에 더욱 힘을 쏟을 수 있었다.

⑦ 시장진출 전략

진출 전략의 첫 번째 단계는 현지법인 설립에 의한 현지판매 전략이었다. 현지판매 전략을 취한 이유는 현지판매 극대화를 노리면서 동시에 장래 발생할 수도 있는 수입규제에 효과적으로 대응하고자 했기 때문이다. 두 번째 단계는 현대자동차만을 독점 판매하는 우수한 싱글 포인트 딜러십 판매망을 구축하는 것이었다. 독점판매망을 통해 저가 소형차인 포니 엑셀을 선진 메이커들의 중대형차 판매에 끼워 넣은 것이 아니라 독점 판매함으로써 타이밍에 적절히 맞춰 판매 극대화를 이룰 수 있었다. 세 번째 단계는 판매개시 전 완벽한 부품공급체계를 구성하는 것이다. A/S에 철저한 주의를 기울여 고객 불만사항의 발생을 최소화할 수 있었다.

'Cars that Make Sense'란 캐치프레이즈 하에 가격·성능·디자인·A/S의 우수성을 강조하는 브랜드 이미지를 미국 소비자의 신뢰감에 연결하는 집중적인 광고 전략을 채택하였다.

⑧ 독자모델 개발

● 당시의 환경

한국이 고유모델의 양산체제를 추진할 무렵인 1973년 10월, 중동전쟁이 발발하면서 제1차 석유파동이 시작되었다. 유가가 폭등하면서 세계적 불황이 시작되었고, 유가와 수요의 연관관계가 높은 자동차산업의 장래 역시 불안할 수밖에 없었다. 실제로 선진국에서는 자동차공장의 생산 감축과 공장폐쇄가 추진되었다. 국내수요는 물론 기술적 여건조차 갖추어지지 않은 상황에서 석유파동까지 겹친 만큼 고유모델의 양산투자는 유보되는 것이 당연했겠지만 현대는 그렇지 않았다. 모험적이라기보다는 무모함에 가까웠다.

당시 국내 기업 가운데 GM코리아가 제일 먼저 고유모델의 생산계획을 포기했다. 뒤이어 기아자동차도 고유모델 개발투자를 중단했다. 그러고는 일본제 부품을 도입해 브리사를 조립 판매하기로 했다. 현대를 제외하면 한국의 자동차기업들은 사실상 조립생산체제로 회귀했던 셈이다.

모든 것이 부정적인 여건 하에서 현대의 추진력은 어디서 비롯되었을까? 당시 한국정부가 중공업 육성에 강한 의지가 있었고, 최고통치권자가 자동차산업에 보여준 관심은 지대하였다. 그러나 정주영이라는 개인의 기업가적 정신이 더욱 크게 평가되어야 할 것으로 본다. 특정개인의 심리와 행동분석은 이 책의 범위를 넘어서는 것이지만 한 가지 분명한 것은 개척과 창조, 적극적 의지의 기업가 정신이 오늘날 현대자동차, 나아가서 한국 자동차산업의 토양이 되었다는 점이다.

● 수출 산업화와 낙관적 비전

현대자동차가 고유모델 개발과 함께 연간 5만 대의 양산공장을 건설할 때, 국내 승용차시장 규모는 1만 대를 겨우 넘는 수준이었다. 그리고 현대자동차는 불과 5,000대의 시장만을 확보하고 있었다. 누가 생각하더라도 과잉생산능력이 우려되었다. 그러나 현대의 생각은 달랐다. 남는 물량은 수출하면 해결될 수 있다는 것이었다. 사실 현대자동차는 고유모델 포니를 이탈리아의 이탈 디자인 사에 설계용역을 할 때부터 수출을 염두에 두고 서구적 스타일로 디자인해줄 것을 주문했다. 또 연간 5만 6,000대의 양산공장도 내수 2만 6,900대, 수출 3만 대의 목표(1978년 계획)로부터 출발하였다. 당시 정주영 회장은 자동차의 제품 사이클 상 선진국의 경쟁력이 조만간 쇠퇴할 것으로 믿었다. 선진국의 자동차공업은 원가 면에서 인건비 부담이 늘었고, 노동자들의 취업기피현상 때문에 노동력 확보가 어려웠다. 또한 잦은 노사분규로 생산성이 저하되고 있으며, 공장 대지도 확보하기 어려운 부담도 있었다. 때문에 자동차공업의 비교우위가 미국, 일본 등 선진국으로부터 한국 등 개도국으로 반드시 이전될 것으로 판단했다.

● 자동차 수출국으로 도약

현대는 자동차 수출 산업화에 강한 자신감을 느끼고 있었다. 그러나 내수와 달리 수출은 해외시장에서 경쟁력을 갖추어야만 가능하기에 고유모델의 성공이 보장되지 않은 상황에서 수출 수요를 염두에 둔 선행투자는 대단히 위험한 결심이라 할 수 있다. 정상적이라면 내수시장에서 먼저 점검을 하고 수출로 이어져야 했을 것이다. 그러나 현대의 생각은 일단 양산공장을 짓는 목적이 '규모의 경제'에 있는 만큼 처음부터 수출시장을 확보해야 경쟁력을 가질 수 있다는 것이었다. 이는 양산공장 건설과 수출 산업화는 동시에 이루어져야 한다는 것이었다. 정주영 회장은 '자동차산업은 국제규모의 양산체제가 갖춰야 생존할 수 있는데 양산체제는 좁은 국내시장을 상대로 해서는 무리이기 때문에 수출을 목표로 해야 하며, 수출을 하려면 반드시 독자적인 고유모델 자동차를 생산해야 한다'고 생각했다. 그리고 다국적기업과의 합작에 대해서는 '다국적기업은 우리에게 수출의 길을 열어주지 않을 뿐만 아니라 진정으로 자동차공업의 발전을 돕지 않는다'는 견해를 밝혔다.

처음부터 고유모델의 양산공장을 통해 독자적 수출 산업화를 추진하겠다는 의지였다. 현대의 계획은 적중했다. 최초의 고유모델 포니는 출범 첫해인 1976년 1,019대 수출을 시작으로 1977년 7,427대, 1978년 1만 8,317대가 수출됨으로써 계획 당시의 수출 목표에 어느 정도 도달할 수 있었다. 불과 3년 전까지 외국 브랜드를 단순조립하던 한국자동차산업이, 비록 규모는 1만 8,000대에 불과했지만 단숨에 자동차 수출국으로 도약하게 된 것이다.

할 수 있다는 자신감은 10년 후인 1986년 후속모델인 포니 엑셀의 미국시장 진출로 이어졌다. 진출 첫해에 단일 차종으로 단일시장에서 16만 9,000대가 팔렸고 이듬해인 1987년에는 26만 4,000대가 판매됨으로써 미국시장 수출규모만으로도 연간 30만대의 최소 경제규모를 실현하게 되었다. 비록 미국시장의 진출과 성공이 전광석화 같았지만, 이 역시 정주영 회장의 낙관적 비전이 일구어낸 결과였다.

1981년 엑셀의 후속모델인 포니 엑셀을 개발할 때부터 신형차의 생산라인은 30만 대로 결정했다. 1981년 당시 국내 승용차 생산실적은 6만 6,000대에 불과했고, 자동차산업이 합리화 업종으로 지정될 정도로 깊은 불황에 빠져 있었던 점을 고려하면 현대의 계획은 분명 무모해 보였다. 그러나 30만 대의 양산라인은 국제경쟁 단위의 최소 규모로 생각되었기 때문에 강력하게 추진할 수 있었다. 결국 1986년 2월, 약 4,000억 원을 투자하여 30만대 조립라인을 완공했다. 이런 모험적 투자가 훗날의 성공을 만든 것이다.

2. 현대자동차의 이슈 및 문제점

(1) 한 · 미 FTA

① 긍정적인 측면— 배기량 3,000cc 이하 차량에 대한 미국의 관세 철폐로 미국시장에서 가격 경쟁력을 높일 수 있고 특소세 인하로 자동차 내수시장 활성화가 기대된다.

해결방안 및 대응책	
미국시장 공략강화	가격 인하를 통한 시장 공략은 환율하락 등 외부 변수 때문에 한계가 있을 수밖에 없으므로 품질과 브랜드 가치 등 근본적인 경쟁력 강화가 중요하다. 따라서 현대기아자동차는 관세철폐에 따라 절감된 비용 중 상당 부분을 마케팅과 홍보활동에 투자하고 브랜드 인지도를 높이는 데 집중해야 한다.

내수시장 수성	수입차 업체들이 가격 인하에 덧붙여 저금리 할부 프로그램을 시행하는 등 공격적인 판촉활동에 나설 것에 대비해 다양한 마케팅 전략을 구상하고 있다. 현대기아차는 특소세 인하가 국산차에도 적용되는 만큼 가격 경쟁력을 최대한 확보하는 한편, A/S네트워크 등이 수입차보다 우월한 점을 적극 활용해 내수시장을 지켜야 한다.

② 부정적인 측면— 국내 수입차에 대한 관세가 없어지면서 미국산 자동차 가격이 내려가 내수시장의 경쟁이 더욱 치열해질 수 있다.

(2) 노사갈등

현대자동차 노조는 1987년 설립 이래 20년 동안에 단 한 해를 제외하고 매년 파업을 한 진귀한 기록을 갖고 있다. 현대자동차의 비협조적인 노사관계는 만성적이며 성장의 큰 걸림돌이 되고 있다.

2007년 현대자동차는 사상 두 번째 무분규 임금협상 타결에 성공했지만, 인건비 증가라는 비용을 감수했다. 세계 자동차산업의 경쟁양상은 브랜드 경쟁 및 가격경쟁으로 요약할 수 있다. 때문에 협조적 노사관계를 바탕으로 한 높은 생산성 유지는 장기 성장의 전제조건으로 인식되고 있다.

자동차회사를 평가하는 기준이 여러 가지 있지만 대표적인 것이 노동생산성이다. 노동생산성은 경쟁력을 결정하는 지표의 하나이기 때문이다. 현대자동차그룹의 생산성은 일본제조업체는 물론 미국업체보다도 낮다.

현대자동차는 임단협에게 파업 없이 타결 짓는 대가로 격려금 200만 원과 현대자동차 주식 30주씩을 무상으로 주기로 했다. 그렇게 올린 올해 임금 인상액이 도요타의 두 배를 넘는다고 한다.

해결방안 및 대응책	
도요타	도요타는 창립 이래 무파업과 노조의 임금자진동결이라는 기록을 이어가고 있다. 도요타의 노사협상은 믿음이 바탕이 돼 세계 자동차업계에서 가장 효율적인 노사협상의 전형이 되었다.
독일 자동차업계	독일 자동차업계는 노사협상을 전문화하고 개별기업의 노사 문제는 협의체 방식으로 운영해 갈등을 최소화하고 있다.
미국 자동차업계	미국 자동차업계는 모범적인 노사관계가 있지는 않지만, 미국 자동차시장 침체와 일본, 독일 등 경쟁업체들의 약진을 견제하기 위해 노사가 저비용 경영의 필요성을 절감하고 있다. 세계 최대자동차업체인 GM 노조는 2003년 전미자동차노동조합이 제시한 2년간 임금동결, 의료비와 연금 소폭인상안에 합의했다. 이는 가급적 분규를 피하고 합리적인 타협으로 실리를 챙기는 방향으로 전략을 선회한 것이다.

노조에 양보함으로써 발생한 원가부담을 어디서 보충하는가? 결국 부품업체 밖에 없다. 결국 소비자에 대한 서비스가 부실해질 수밖에 없다. 물론 생산라인에서 합리화 요인을 찾기도 해야겠지만 노조에 발목이 잡힌 상태에서 어느 정도나 실효가 있을지 의문이다.

(3) 자동차 업계의 환경경영

현재 유가 상승과 화석연료 고갈 우려, 그리고 환경오염 문제 때문에 세계 굴지의 자동차기업들은 앞 다투어 연료효율이 높고 친환경적인 하이브리드 차와 수소연료 자동차의 개발과 보급에 열을 올리고 있다. 하이브리드는 현재 도요타의 프리우스를 선두로 하여 혼다의 인사이트, 그 밖에 폴크스바겐과 GM 등에서도 하이브리드의 개발과 보급에 힘쓰고 있으며 현재 프리우스의 가격은 2만 달러 수준으로 가격 면에서도 충분히 이점이 있기 때문에 앞으로도 수요가 급증할 것으로 보인다.

수소연료 자동차는 아직 실용화 단계는 아니지만 꿈의 자동차로 불릴 정도로 연비와 환경측면에서 우위에 있다. 따라서 유수의 자동차업체에서는 수소연료 자동차의 개발에도 힘을 쏟고 있기 때문에 수년 안에 상용화가 될 것으로 보인다. 현대자동차에서 개발한 하이브리드 차는 현재 기술적 측면의 문제점과 더불어 동종 일반차량보다 세 배나 비싼 가격 때문에 경쟁력이 부족하고 수소연료 자동차에 관한 기술도부족하다.

해결방안 및 대응책

기존 차량의 연료효율을 높이고 화석연료를 대체할 수 있는 차세대 친환경 차량을 개발하는 데 전사적인 역량을 집중해야 한다. 아직까지는 다른 선진업체에 비하여 기술력이 상당히 떨어지지만, 꾸준한 기술개발을 통하여 노력한다면 곧 그들을 따라잡을 수 있다고 생각한다. 또한, 다른 나라에 비해서 정부의 지원이 부족하다고 한다. 정부의 적극적인 지원이 필요하다.

(4) 현대자동차의 환경경영

현대자동차는 특히 연료전지 자동차 부문에서 높은 기술력을 확보하고 있다. 모터쇼에서는 3세대 연료전지 콘셉트 카 아이블루(i-blue)를 선보였다.

아이블루는 현대자동차 일본기술연구소에서 100% 독자기술로 개발한 차량으로 100킬로와트(kw)의 출력으로 최고 시속 165km의 속도를 낸다. 한 번의 충전으로 600km를 달릴 수 있다. 무엇보다 시장 친화적인 기술을 개발하고 선택하는 데 현대자동차를 비롯한 전세계 자동차업계의 성패가 달려 있다고 한다. 따라서 앞으로도 전력을 다하는 기술개발의 노력이 필요할 것이다.

현대자동차에 관한 조사 중 많은 사람들이 현대자동차에 대해 불매운동 하는 것을 알 수 있었다. 현대자동차의 노조파업에 따른 불매운동이 가장 큰 원인이었으나, 현대자동차의 국내시장 가격이 국외시장 가격보다 더 비싸다는 이유로 불만을 품은 사람도 많았다. 현대자동차의 독과점으로 자동차 가격은 계속 올라만 가고, 그래도 계속 구매를 해왔던 많은 소비자가 현대자동차에 관한 좋지 않은 이미지를 갖기 시작했다.

현대자동차는 국내에서의 브랜드 이미지 관리와 고객만족 프로그램을 강화시킬 필요가 있다. 현재 현대자동차는 국내시장 점유율 50% 이상을 차지하고 있다. 이러한 점을 활용하여 지금 현대자동차를 타고 다니는 사람들이 만족하여 다음에도 구매하고, 또 그 사람들의 추천으로 다른 이들이 현대자동차를 구매한다면 계속해서 판매가 늘어날 것이다. 노조파업으로 소비자에게 좋지 않은 이미지를 심어주지 말고, 국외시장보다 국내시장의 현대자동차가 왜 더 비싼지 이해할 수 있게끔 충분한 설명을 해주어 불만을 줄여야 할 것이다. 또한 수입차에 대해서는 앞서 언급했듯이 가격 경쟁력을 최대한 확보하는 한편, A/S 네트워크 등 수입차보다 우월한 점을 적극 활용하여 견제해야 할 것이다.

(5) 낮은 브랜드 이미지

자동차는 기본적으로 미국과 일부 유럽국가 및 일본 등의 선진국들이 독점해온 상품이기 때문에 국산차는 기본적으로 가격이 저렴하다는 이점을 내세워서 시장을 키워 왔다. 그러나 미국시장에서는 시장점유율을 더 높이기 위해서는 중저가 차량 공급자로서의 브랜드 이미지를 개선하는 것이 절대적으로 필요하다.

브랜드 이미지를 측정하는 기준은 중고차 가격이다. 도요타, 혼다 등 일본차의 성공은 뛰어난 내구성, 즉 중고차 가격에 있다. 현대자동차가 초기 품질을 개선했다는 평가를 받고 있음에도 내구품질(VDS)은 동급 일본차에 비해 취약하다. 중고차 가격이 저렴하다는 것은 현대자동차의 내구성에 문제가 있다는 것이고, 내구성에 문제가 있으면 판매 신장으로 이어지지 않는다. 도요타가 질 좋은 소형차 메이커에서 최고급승용차인 렉서스(Lexus) 발매를 통해서 비약적인 성공을 거둘 수 있었던 이유는 뛰어난 내구품질로 중고차의 재판매 가치를 유지할 수 있었기 때문이다. 내구품질을 개선하지 못하는 한 현대자동차의 성장 동력은 비관적이다. 성장 동력이 약화되면 매출이 늘지 않고 4.5% 수준에 있는 영업 이익률이 감소하게 마련이다. 경쟁력의 약화는 존립 자체의 위기로 귀결되는 것이다.

Chapter
7

외국계기업
취업전략

Part 1

외국계기업 정보분석

• • •

가장 좋은 방법은 외국계기업 취업박람회에 참가하는 것이다. 약 100여 업체가 참가하므로 다양한 외국계기업에 대한 실질적인 정보를 얻을 수 있다.

1. 외국계기업 취업박람회에 참가하여
인터뷰 기회를 잡는 것이 중요하다.

외국계기업 취업박람회는 인사담당자들이 나와서 직접 인터뷰 및 취업상담을 제공한다. 박람회에 참가한 기업담당자들에게 영어인터뷰 기회를 얻을 수 있다. 또한 인터뷰를 통해 산업의 미래, 경쟁사, 지원회사, 고객에 대한 생생한 정보를 습득할 수 있다는 장점이 있다. 이러한 경험은 지원동기 및 장래포부 작성에 큰 도움이 된다.

2. 외국계기업은 공채가 전무하다.

외국계기업은 경력중심, 수시채용이 일반화되어 있다. 수시채용에서는 정보력이 곧 취업경쟁력이다. 따라서 외국계기업 리스트와 채용소식을 제공하는 사이트를 즐겨찾기에 등록하고 수시로 모니터 하는 것이 필요하다. 미리 이력서를 등록해 놓고 수시로 업데이트 해야 한다. 대한상공회의소(http://www.korcham.net), 주한유럽연합상공회의소(http://www.eucck.org), 주한미국상공회의소(http://www.amchamkorea.org), 피플앤잡(http://www.peoplenjob.com)은 외국계 인사담당자들도 많이 사용하는 사이트로서 채용소식, 기업직무, 인재상에 대한 정보를 제공하고 있다.

3. 직무 중심의 채용이므로 자격요건(Job Requirement) 분석은 필수

외국계기업은 업무 중심으로 채용한다. 따라서 자신이 원하는 업무의 자격요건을 확인하고 내게 맞다 싶으면, 파견이나 계약직에 민감해하지 말고 일단 뛰어들어 경력을 쌓는 것이 중요하다. 국내기업과 마찬가지로 외국계기업에 지원할 때도 직무와 관련된 인턴 또는 파트타임 경험은 필수적이다. 그러나 거창하게 업무와 관련된 인턴을 해야 할 필요는 없다. 어떤 경험을 했든 그것이 지원하는 분야에 어떻게 활용될 수 있는지 구체적으로 설명하는 능력이 필요하다. 단지 이력서에 한 줄 더 넣기 위한 인턴, 아르바이트 경험은 통하지 않는다. 가장 중요한 것은 자신이 원하는 업무와 관련된 인턴 및 아르바이트 경험을 토대로 자기만의 스토리를 만드는 것이다.

4. 영어점수는 통하지 않는다. 의사소통 능력만 통한다.

토익 점수 보다는 실질적인 커뮤니케이션이 훨씬 중요하고, 무엇보다 자신감을 가져야 한다. 외국계기업 취업을 준비하고 있는 구직자들이 가장 궁금해 하는 점이 바로 영어실력 수준이 아닐까 생각한다. 실제로 외국계기업 취업에 관한 편견 중 하나가 바로 '외국계기업에 취업하기 위해서는 영어를 잘해야 한다'는 것이다. 물론 본사와 화상회의(Conference Call) 또는 업무상 영문 이메일을 써야 할 때도 있기 때문에 영어실력을 어느 정도 갖추고 있어야 한다. 그러나 외국계기업에서 말하는 영어 실력은 '비즈니스 회화'가 가능한 수준이면 충분하다.

Part 2
Resume 작성법

• • •

Resume의 구성요소를 살펴보고 작성법을 알아보도록 하자. 특별히 이력서 양식이 존재하는 것은 아니며, 지원자의 경험과 경력에 따라 조금씩 구성요소가 변경될 수 있다.

1. Personal Data

이름, 주소, 전화번호, 생년월일, 성별 등을 기록한다.

2. Career Objective

희망하는 직무를 기재한다.

[예시]

- Seeking a customer service position in a well regarded company

- A customer service role in a challenging environment

- To obtain employment as a customer service specialist in a dynamic company

3. Qualifications

희망직무에 해당하는 자질, 또는 역량을 기재한다.

[예시]

- An energetic customer service professional with solid experience

- Strong problem solving skills coupled with initiative and accuracy

- Provide a first rate experience for the customer and facilitate the development of strong customer relationships.

- A self motivated and hardworking employee with an excellent track record of meeting and exceeding productivity targets.

- Excellent organizational and communication skills contribute to high levels of efficiency and productivity.

- A reputation for building productive and positive relationships with diverse customers resulting in improved customer retention and loyalty.

- A committed team member who consistently achieves customer service goals and adds significant value to the bottom line.

4. Work Experience

최근의 경력부터 적는데, 특히 경력자라면 경력을 학력보다 먼저 적는다. 학생일 경우에는 인턴경험이 없더라도 지원 분야와 관련된 파트타임 경험을 적는다. 경력, 회사정보 및 근무기간을 기록한 후 실제 수행한 업무내용을 기술한다.

경력	Customer Service Representative
회사정보	Vericom Telecommunications Company, Newark, NJ
근무기간	January 2012~February 2012

- interact with diverse customer base in person and telephonically

- provide detailed information on services and products to customers

- recommend service and product options to meet customer 니즈

- open new customer accounts

- complete and process contracts

- schedule and follow up on installations and service calls

- manage service, product and billing inquiries and complaints

- conduct customer satisfaction surveys

- produce weekly reports for management

- addressed customer account queries and problems

- managed product shipping issues

- provided ongoing support to customers

5. Education

학력은 대학부터 작성한다.

6. Activities(Curricula Activities or Extra Curricula Activities)

학교에서의 동아리활동과 자원봉사 등 사회활동을 요약해서 작성한다. 특히 외국
계기업에서는 자원봉사활동을 적극 평가하고 있다.

7. Skills & Competencies

특히 희망하는 업무에 도움이 되는 기술이나 특기를 기록한다.

8. Honors and Awards(Additional Remarks)

상벌관계도 역시 교내외적인 행사에서의 수상경력이나 표창경력을 기록한다.

9. References

'Available on request'라고 기록한다.

Bill Smith

Address: 525-36, Sutek-Dong, Guri-Si, Gyeonggi-Do
Telephone: ***-***-****(Home); 010-****-****(Mobile)
Email: billsmith@gmail.com

Objective	Dedicated and Energetic person. Applying for a marketing position offered by 000 Korea.	
Education	Hankuk University of Foreign Studies G.P.A.: 0.0/4.5 ● Major: Business ● Relevant Course Work: Business Communication, International Marketing, Marketing strategy	2004.03~2012.08
	Oversea Exchange Student Experience ● University of Malaya, Malaysia	2008.02~2008.07
Experience	Lotte Department Store Intern for *** marketing team ● Took account of normal stocks and defected stocks. ● Translated English document into Korean. ● Gathered competitor news through magazine clipping ● Helped a CRM manager to document customer information.	2012.01~2012.02
	Backpacking in Australia ● Trip with nothing but a backpack.	2010.01~2010.11
Military Service	Served in the Korean Army for 2 years.	2005.11~2007.10
Activities	Hankook Univ. Language Institute Mentor for Korean learning students ● One to one mentor of foreign students learning Korean.	2009.07~2009.12
	Student MTB Club	2004.7~Present
Skills/ Abilities	Software Office: MS Power Point / Holding Word and Excel Expert certificate	
	Language TOEIC: ***(2012.04) TOEIC SPEAKING : Level O	

Part 3
Cover Letter 작성법

• • •

Cover Letter란 이력서와 함께 보내서 면접 기회를 얻기 위한 일종의 세일즈 레터 세일즈 Letter를 의미한다. 채용담당자가 지원 서류를 받으면서 가장 먼저 읽게 되는 것이 바로 Cover Letter이다. 이력서를 볼 것인지 아닌지도 이 Cover Letter가 결정한다. Cover Letter 없이 이력서만 보내게 되면 불합격될 가능성이 매우 높다. 그 이유는 이력서에서 어필하기 어려운 지원회사와 직무에 관한 열정과 핵심역량을 Cover Letter에서 전달할 수 있기 때문이다. Cover Letter 작성 시 유의사항은 다음과 같다.

- 지원기업에 얼마나 적합한 인재인지를 보여주는 Cover Letter는 지원자의 영어 표현능력과 영어 실력까지 평가하는 자료가 된다. Cover Letter는 비즈니스 문서의 서식에 따라 작성하며 한 장 이내로 간결하게 정리하는 것이 기본이다.
- 자신의 경력과 능력에 초점을 맞추면 좋은 평가를 받을 수 있다. 이를 위해 우선 자신의 Cover Letter가 목표하는 기업과 지원 분야에 대해 어느 정도 알고 있어야 한다. 가능하면 지원기업이 요구하는 능력과 경험을 제시하는 것이 좋다. 오타에 유의하고, 포맷과 외양을 보기 좋게 하여 반듯한 인상을 주는 것이 중요

하다.

Bill Smith

abc@gmail.com, 525-36, Sutek-Dong, Guri-Si, Gyeonggi-Do, 010-****-****

To the HR manager of XYZ,

Through my recent experience at Lotte Department Store, I gained knowledge on how a company maintains its business and how luxury goods are treated. One of my main tasks was to handle defected products returned from local shops and to document the details with MS Excel. Also, I translated English staff training materials into Korean and made power points with those. This experience equipped me with both business writing skills and software operating skills. Furthermore, interacting with the staffs in local shops enlarged my capacity to communicate with various types of people in different work places. From this, I have learned a flexible manner of working with people which is highly demanded in a group work. Such an experience will become a strong support for me to work for your company, considering that good communication skill and multi-tasking ability are crucial to work as an intern of a global company.

Also, my experience as an exchange student in Malaysia, a multi-cultural society, allowed me to have better understandings in cultures outside Korea. Also, I developed my English speaking and writing skills by attending courses lectured in English. At the end of the semester, I got an opportunity to make a 프리젠테이션 in English with other native students living in Malaysia, which greatly boosted my confidence in speaking and writing English.

Last but not least, I would like to find a position that makes the best of my ability. In five years, I would like to be working on projects with more responsibility. So I can see myself satisfied and happy with my position. In ten years, I want to continue to advance and become an industry expert in my field. And eventually I would like to take on more important position as a team leader.

I would be very passionate to work for OOO Korea. It would be grateful to meet you at an interview. You may contact me directly at 010-****-****. Thank you for your time and consideration.

Yours sincerely,

Bill Smith

Part 4
영어 인터뷰 전략

• • •

영어 인터뷰는 다음 세 가지에 집중해서 구성하도록 한다.

- ● 일 또는 업무와의 관련성
- ● 단순한 견해가 아닌 구체적인 사례 제시
- ● 거짓이 아닌 진실성

그리고 모든 면접 질문은 '개인의 성장', '대인관계', '조직의 헌신'과 관련되어 있다는 점을 유념하라. 영어 인터뷰 답변은 두괄식이 핵심이다. 결론을 먼저 말한 후 부연설명을 하는 것이 좋다.

1. 성공적인 영어 인터뷰 방법

(1) 쫄지마! 인성이야

외국계기업들도 인재선발 시 인성, 팀워크, 조직문화 적응도 등의 항목을 중요하게 평가한다. 따라서 팀워크를 중요시하며 잘 적응할 수 있다는 확신을 줘야 한다. 높은 학점, 뛰어난 어학 실력을 갖췄더라도 인성이 밑받침되지 않으면 탈락하게 된다.

(2) 자신감을 가져라

자신감 있는 태도는 영어 인터뷰의 핵심이다. 자신감은 충분한 준비에서 시작된다. 평소 영어 실력만 믿고 준비를 소홀히 하면 낭패를 본다.

(3) 직무 관련 용어에 익숙하라

지원하는 회사 또는 부서 업무의 특성에 맞춰 예상 질문을 뽑아놓고 답변을 준비해야 한다.

(4) 지원하는 회사에 관한 정보는 최대한 입수하라

지원하는 회사와 지원하는 업무에 관한 기초정보를 숙지하고 있으면 면접관이 질문하는 내용을 이해하기 쉽고 당황하지 않고 답변할 수 있다. 또한, 면접관에게 회사와 지원 분야에 대한 업무를 많이 알고 있다는 인상을 줄 수 있어 호감을 살 수 있다.

(5) 생각해서 답변하는 인상을 줘라

유창한 영어 실력을 자랑하기 위해 외운 대로 줄줄 대답하는 사람도 있는데, 이는 오히려 거부감을 줄 수 있다. 그보다는 또박또박 자기 생각을 차분히 정리해 말하는 인상을 주는 것이 좋다.

2. 영어 인터뷰 주요 질문

[자기소개] Please tell me about yourself?

I would like to tell you about what I have learned as a student and as a part-time employee.

I see the same things as others do, but I think differently from them.

I say the same thing as others do, but I take actions right away differently from them.

I do the same thing as others do, but I commit to excellence differently from them.

I have the same passion as others do, but I burn myself with passion differently from them.

通하는 답변

학창시절을 통해, 그리고 파트타임 일을 하면서 제가 무엇을 배웠는지 말하고 싶습니다.

저는 남들과 똑같은 것을 봅니다. 하지만 남들과 달리 생각합니다.

저는 남들과 똑같은 것을 말합니다. 하지만 남들과 달리 곧바로 행동에 옮깁니다.

저는 남들과 똑같은 것을 합니다. 하지만 남들과 달리 최고를 추구합니다.

저는 남들과 똑같은 열정을 가지고 있습니다. 하지만 남들과 달리 열정으로 저를 태웁니다.

[회사 지원동기] Why do you want to work for our company?

While preparing for employment, I have gained accomplishments in several areas. First, I have learned how this industry works. Next, my qualifications are ones that fit marketing. What is best, my working experiences at OOO can bring great value to this position. While working as a part-timer, I was able to learn what services could exceed the expectations of customers. What I discovered was this. Customers are not much interested in products. What they really want is the values and benefits they could enjoy. I am convinced that these experiences will be an asset to what I do as a new employee.

通하는 답변

입사를 준비하면서 몇 가지 면에서 성과가 있었습니다. 첫째, 지원한 업계의 비즈니스를 알게 되었습니다. 그리고 저의 자격이 마케팅 분야에 적합하다는 점을 깨달았습니다. 무엇보다 OOO 회사에서의 실무 경험이 지원 분야에 도움이 될 수 있습니다. 파트타임으로 일하면서 어떤 서비스가 고객의 기대를 능가할 수 있는지 배울 수 있었습니다. 제가 배운 것은 다음과 같습니다. 고객들은 상품에 관심이 없다는 것입니다. 그들이 원하는 것은 그들이 누리는 가치와 편익이라는 것입니다. 이러한 경험들은 신입으로서 제가 하는 일에 자산이 될 것으로 확신합니다.

[장점] What are your strengths?

One of my biggest strengths is that I am good at becoming a better person. When I do something, I always try to do it in a different way. When I meet other people, I always try to find some quality in them and then acquire it somehow. When I read books, I always try to find something that will make me a better person. This ability, I believe, will contribute to my career success and your business success in the long run.

通하는 답변

제 장점 중 하나는 자기개발입니다. 저는 무언가를 할 때 항상 다른 방법으로 하려고 노력합니다. 사람들을 만날 때 그들이 가진 자질을 찾아 어떻게든 습득하려고 노력합니다. 책을 읽을 때 항상 더 나은 나를 만들 수 있는 것을 찾으려고 노력합니다. 이러한 능력은 저의 경력 부문에서의 성공뿐 아니라, 비즈니스의 성공에도 기여할 수 있다고 믿습니다.

[업계 지원동기] Why do you want to work in this industry?

I asked myself, what industry can bring the biggest value to people? The answer I had was working in the food industry. My belief was 'if I could work in this industry, then I would dedicate myself to working for the benefits of people'. Since then, I have read books on food. And I have had lots of experiences working as, in some cases, a part-timer at a small food shop, in others as an intern at a food company. So I really want to work in this field.

저는 스스로 어떤 업계가 사람들에게 가장 큰 가치를 줄 수 있을까 질문해 보았습니다. 제 해답은 식품업계에서 일하는 것이었습니다. 저는 '이 업계에서 일하게 되면 사람들의 편익을 위해 일할 수 있을 것'이라고 믿었습니다. 그 후 음식과 관련된 책을 읽었습니다. 그리고 때론 작은 식품점에서 파트타임으로, 때론 식품회사에서 인턴으로 일하면서 많은 경험을 했습니다. 그래서 이 분야에서 꼭 일하고 싶습니다.

[향후 포부] What are your short-term and long-term career goals?

Mastering working job requirements within the first year is my short-term goal. To achieve this goal, I am determined to do my best acquiring all skills and knowledge. My long term goal is to be a 'specialist' in insurance marketing. As an astute analyzer of customers, I will commit to pinpointing the customer's 니즈 and fulfilling them by means of setting 'right' marketing strategies.

通하는 답변

1년 이내에 직무 요구사항을 숙달하는 것이 저의 단기적인 목표입니다. 이를 위해 최선을 다해 기술과 지식을 습득할 각오입니다. 장기적으로는 보험마케팅 분야에서 전문가가 되는 것입니다. 고객 분석가로서 고객의 요구를 정확히 파악하고, 적합한 마케팅 전략으로 고객의 니즈를 반드시 충족하겠습니다.

Chapter
8

성공
인턴십

Part 1
인턴십의 이해

• • •

1. 인사담당자들이 전하는 인턴채용에 대한 조언

구직자에게 인턴 경험은 갈수록 중요해지고 있다. 지원자의 이력서를 검토할 때 인턴 경력을 비중 있게 고려하고 있기 때문이다. 인사담당자들이 말하는 인턴십에 대한 조언을 들어보자.

목적의식을 갖고 인턴채용에 지원하라

인턴 참여 시 하고자 하는 바에 대한 분명한 목적을 수립한 뒤 참여해야 한다. 명확한 목적의식을 갖고 인턴 활동에 참여하라. 인턴 수행계획서를 작성해보고 인턴경험을 통해서 얻을 리스트를 작성해보라. 인턴활동을 하면서 블로그에 글을 기록해 두면 나중 자기소개서 작성과 면접에 큰 도움이 된다. 정규직 전환 여부와 관계없이 인턴 경험은 취업에 절대적으로 유리하다.

참여도와 책임감을 높여라

최근 인턴사원에게 보조 업무가 아닌 현업의 비중 있는 업무를 부여하는 기업도 있다. 지시한 업무를 정해진 시간 내에 처리한 뒤 더 도울 일이 있는지 찾아보라. 업무가 어떻게 진행되는지 유심히 살펴보면서 궁금증을 갖고 직원들에게 물어보고 배워라. 이렇게 적극적인 자세로 일을 하다 보면 그 분야의 업무를 제대로 숙지할 수 있고 적극적인 모습이 전달되어 좋은 평가를 받을 수 있다. 업무 처리 시 모르는 부분이 있으면 주저하지 말고 선배사원에게 물어보는 등 일에 적극적으로 임하는 모습을 보여주는 게 좋다. 선배사원에게 적극적이고 열정적인 사람이라는 인식을 심어줘야 한다.

조직적응력을 보여라

국내 기업은 인턴사원 채용 시 '인성'과 '원활한 대인관계' 여부를 중요하게 살핀다. 인턴사원은 선배사원과 함께 일을 하며 역량을 평가받게 된다. 모르는 부분이 있으면 질문하기를 두려워 하지 말고 꼭 물어보라. 인사담당자들이 공통으로 말하는 것은 인턴기간 중 조직의 팀워크를 깨뜨리지 않고 잘 적응할 수 있는 사람인지를 가장 중요하게 살핀다는 것이다.

참신한 아이디어를 드러내라

인턴업무를 수행하면서 '젊고 참신한 아이디어'를 지닌 인재라는 사실을 회사 측에 어필해야 한다. 최근 기업은 인턴의 창의적인 아이디어를 평가하기 위해 프로젝트 부여나 특정 주제의 프레젠테이션을 진행하고 있다. 이때 인턴사원이 독창성이 돋보이도록 프로젝트나 프레젠테이션을 수행하면 가산점을 받을 수 있다.

커뮤니케이션 능력을 길러라

대부분의 인턴사원들은 사회생활을 해 본 경험이 부족하기 때문에 자신의 의견을 논리적으로 펴는 능력이 부족하다. 팀에서 업무 수행 시 타인의 의견도 잘 경청하고 자신의 의견을 다른 사람에게 설득력 있고 논리적으로 전달할 수 있는 능력을 키우는 것이 중요하다. 타인의 의견이 자신과 상충되어도 유연하게 받아들이는 여유를 보여줄 것을 전문가들은 조언한다.

2. 현대자동차 인턴십 소개

현대자동차 관계자는 "올 초 처음 선발된 'H Innovator' 1기의 경우 탁월한 집중력과 업무 적응력을 보여줘 현업 부서의 만족도가 상당했다"면서 "1기의 성공적인 운영 경험을 바탕으로 이번 2기 채용에서는 모집 부문을 전 분야로 확대하고 인재 발굴 프로세스를 강화함으로써 더욱 수준 높은 인재들을 선발할 수 있을 것으로 기대된다"고 말했다. 이번 현대자동차 'H Innovator' 2기 선발과 관련된 문의는 현대자동차 채용 트위터(http://twitter.com/hyundaijob)로 하면 된다.

한편 현대자동차는 지원서에 학교, 전공, 학점, 영어점수 등 지원자들을 등급화 하는 스펙 기재란을 과감히 없애고, 지원분야별 과제에 대한 지원자들의 답변만을 바탕으로 'H Innovator' 1기를 선발했다. 이를 통해 단순히 스펙 쌓기에 충실했던 지원자보다는 실제 업무에서 자신만의 열정과 창의성을 유감없이 발휘할 인재들을 등용하는 데 주력함으로써 채용 문화를 크게 개선했다는 평가를 받고 있다. 현대자동차 인턴사원 공채의 특징은 인재 선발을 위해 과거의 일반적인 자기소개서 질문에서 벗어나 지원자의 창의력과 열정으로 인턴을 선발한다는 점이다.

(1) 현대자동차 인턴사원 자기소개서 질문 분석

우선 희망직무에 대한 분석이 필요하다. 마케팅 파트에 지원한다면 마케팅 직무를 분석해보고, 지원서 작성에 필요한 정보를 얻는 것이 중요하다. 예를 들어 '현대자동차가 여러분 학교 축제에 어떻게 참여하면 좋을지 제안해 보라'는 주제를 선택한다면 마케팅 관점으로 축제참가 방안을 구상해 보아야 한다.

① 마케팅 파트 (택 1)

Q. 현대자동차가 여러분 학교 축제에 후원, 참가하려고 합니다. 어떤 모습으로 여

러분 학교 축제에 참여하면 좋을지 제안해 주십시오.

Q. 현대자동차에서 대학생을 타깃으로 한 차량을 개발하였습니다. 이 차량을 얼마에 판매하면 좋을지, 어떤 기능을 탑재하면 좋을지 제안해 주십시오.

Q. 현대자동차의 경쟁 브랜드는 어디라고 생각합니까? 그리고 그 경쟁 브랜드의 약점은 무엇입니까?

S. 먼저 마케팅의 주요 업무가 무엇인지 파악해야 한다. 가장 좋은 방법은 설문과 인터뷰를 통해 제안에 필요한 정보를 얻어내는 것이다. 제안의 신뢰와 완성도를 높이기 위해 평소에 마케팅 분야에서 실무경험을 쌓거나 관련 서적을 읽어두면 큰 도움이 된다. (주제에 따라 시장조사나 STP(Segmentation, Targeting, Positioning), 4P 등 마케팅 기법이 필요할 수도 있다.)

② 디자인 개발 및 플랜트 파트

Q. 자동차에 대한 열정을 표현하시오.

S. 필자가 알고 있는 한 대학생은 현대 자동차를 포함하여 자동차 디자인에 관한 한 전문가적 견해를 가지고 있고 자동차 동호회와 블로그 활동을 하면서 자동차 업계의 실무자들과 꾸준히 교류하고 있다. 인턴지원자들은 자신만의 방법을 통해서 자동차에 대한 관심을 명확하게 드러낼 수 있어야 한다.

③ 글로벌 커뮤니케이터 파트

Q. 지원한 언어로 현대자동차에 지원한 이유 및 자동차에 대한 열정을 표현하시오.

S. 우선 현대자동차 그룹의 비전, 인재상 그리고 핵심가치에 자신이 얼마나 잘 부합되는지를 어필해야 한다. 지원분야가 '글로벌 커뮤니케이터'이므로 국내와 해외의 자동차 문화에 대한 깊은 이해가 필요하다. 자동차가 사람들에게 어떤 존재인지

에 대해 깊이 생각해 보아야 한다.

(2) 인턴 자기소개서

플랜트 교육은 무역(삼성물산, LG 상사, 대우 인터내셔널), 건설, 엔지니어링, 중공업 등 대기업의 요구가 반영된 현장실무 교육으로 교육비 전액이 국비로 처리된다. 교육 이수자는 주로 국내 대기업에 입사하며 취업률은 교육이수자의 85%에 달한다. 아래의 지원자는 약 360여 시간 플랜트 전문교육을 이수 한 후 GE 에너지에 합격하였다. 자신의 관심분야를 찾아내서 필요한 교육을 받고 자신이 원하는 기업에서 인턴생활을 하고 있다.

[GE 인턴 합격 자기소개서]

해외건설협회 해외건설 · 플랜트 교육

올 여름 해외건설협회에서 '대학생 해외건설, 플랜트 인력양성 과정'을 수료하였습니다. 이 과정에서 해외 공사 수주절차, 계약관리, 공사관리, PF, 플랜트에 관한 내용을 배웠는데, 그 중 ITB부터 낙찰(Award)까지의 과정과 'FIDIC 계약'에 특히 흥미를 느꼈습니다.
플랜트 산업의 EPC O&M 중 계약금액의 80%를 차지하는 Procurement 기자재의 공급자가 바로 GE인데, 이 업에서 프랑스어와 경영학을 전공한 제가 '전문가'로 성장하고 싶고, 또 성장이 가능한 분야가 계약업무라 생각되어 지원하였습니다.

FIDIC 계약 수업을 들으면서 흥미를 느꼈던 이유는 아마도 제가 논리적 흐름을 따라 대안을 도출하는 것을 즐기는 성향을 갖고 있기 때문입니다. 세무회계나 재무관리 연습 등의 과목을 공부하면서 아주 다양한 변수들과 제한들 속에서 문제를 풀어야 하는 과목이었는데, 고려할 여러 요소들을 놓치지 않고 논리적으로 연결하여 답을 도출해 내는 일에 흥미를 느꼈습니다. GE가 기자재를 공급하는 건설, 엔지니어링 사 또는 사업주, 하도급업체와의 계약적 대응 역시 이와 비슷하다고 생각됩니다. 계약서에 흩어져 있는 여러 근거들을 잘 찾아내어 협상하고, 논리를 만들어 어필하는 업무 또한 즐길 준비가 되어 있습니다.

향후 10년 후 35살에는 Schedule과 Cost를 전체적으로 분석할 수 있고, 이 두 측면에서 여러 가지 기법과 분석방법을 파악하고 있는 계약 전문가가 되고 싶습니다. 입찰과 협상 진행 시 '실제적으로 발생할 이익이나 손실의 금액을 산출할 수 있고, 프로젝트에서 중요한 요소인 Schedule에 미치는 영향을 실제적으로 분석한다'는 10년 단위 목표를 세우고 그러한 역량을 갖춘 전문가가 되고 싶습니다. 그러기 위해서는 GE가 가지고 있는 기술들 및 기자재의 특성에 대해 관심을 갖고 공부하는 자세가 필요하다고 생각합니다.

3. 해외플랜트 교육

교육과정은 한국플랜트산업협회(www.kopia.or.kr), 해외건설협회(www.icak.or.kr), 건설기술교육원 (http://ha.kicte.or.kr) 그리고 한국플랜트건설연구원(www.cip.or.kr) 4곳에서 교육이 진행된다. 이공계만 모집하는 경우가 있고 전공무관 모집과정도 있다. 대대적인 홍보를 하지 않기 때문에 수시로 홈페이지를 확인하는 것이 중요하다. 교육과정은 약 8주간이며, 해외건설 기초, 건설 비즈니스 영어, 타당성 조사, 견적, 계약·클레임, 해외건설 금융·외환, 보험보증, 공사 관리, 리스크 관리 등으로 구성된다. 플랜트 교육 이외에 '자기소개서 작성과 면접 기법' 등 취업캠프 프로그램도 편성돼 취업활동을 돕는다. 교육비는 전액 무료이며 훈련 장려금을 지원한다.

(1) 교육과정의 특징

① 높은 취업률

수료 후 취업률 약 80%로 알려져 있다.

② 취업 기업

삼성엔지니어링, 삼성석유화학, 삼성물산, GS건설, 한화건설, 대림산업, SK건설, 현대엔지니어링, 현대중공업, 현대건설, 한국수력원자력, STX중공업, STX조선해양,

두산중공업, 대우건설, 대우엔지니어링, 대우조선해양, 포스코건설, 롯데건설, 쌍용건설, 코오롱건설, 효성중공업 등

(2) 지원자격

① 4년제 대학 졸업자(예정자)

② 학점 : 3.0 이상(4.5만점 기준)

③ 어학 : 교육기관에 따라 상이함(700점 이상 또는 800점 이상)

④ 전공 : 교육기관과 프로그램에 따라 상이함(전공무관 또는 이공계)

[해외플랜트 교육 합격 자기소개서]

성장과정

● 육상선수생활로 얻은 정직, 성실, 끈기로 살아온 과정
어릴 적부터 육상선수 생활을 통해서 정직, 성실, 끈기의 자세를 배웠고 이를 생활신조로 삼아 지금껏 커피숍 서빙, 동대문 도매 야시장에서의 청바지 판매, 온라인 의류 쇼핑몰 의상 모델, 그리고 미국과 호주에서 2년간의 해외경험을 하였습니다.

자신의 장 · 단점

● 경청을 바탕으로 소통하는 자세
경청하는 자세로 소통하는 것이 저의 장점이며, 이는 프로젝트 발주처가 원하는 가치를 정확히 알고 제공하는 능력의 밑거름이라고 생각합니다. 저의 단점은 꼼꼼함으로 인해 스트레스를 받는 것이지만, 꾸준한 운동을 통해서 이를 관리하고 있습니다.

자기소개 (학교 내외에서의 특별활동, 보유능력 및 경험 중심으로)

● 미국, 호주에서의 이벤트 봉사활동과 휴대폰 액세서리 판매
미국 Lakeland college의 이벤트 봉사단체 SAB에서 1년간의 봉사활동과 호주에서 1년간 휴대폰 액세서리 판매경험을 통해 다양성을 인정하고 받아들이는 자세와 경청하는 자세를 바탕으로 소통하는 능력을 키웠습니다.

● 플랜트 프로젝트가 제공하는 소중한 가치

플랜트 프로젝트를 수주하고 진행함으로써 발주처 국가의 산업육성과 발전에 기여할 수 있고, 국내의 기계 및 다양한 업체들의 해외진출을 돕는 등 국가경제 발전에 이바지할 수 있는 일이야말로 가장 가치 있는 일이라 생각하여 지원하게 되었습니다.

● 국내외에 다양한 가치를 제공하는 최고의 프로젝트 PM

해외건설협회의 교육을 통해서 전반적인 해외 건설, 플랜트에 대해 심층적으로 학습하여 정해진 금액 안에서 발주처가 원하는 사양의 플랜트를 약속된 시간 안에 만들어 제공함으로써 발주처 국가와 우리나라 경제 발전에 기여하겠습니다.

4. 현대자동차 '해피무브 글로벌 청년봉사단'

'해피무브 글로벌 청년봉사단'의 평균 경쟁률은 약 30대 1 정도이다. 봉사단의 취지는 봉사를 통해 미래를 이끌어 나갈 글로벌 인재를 육성하는 것으로서, 크게 환경봉사, 의료봉사, 그리고 지역봉사로 이루어져 있다. 이러한 봉사활동을 통해서 나눔을 실천하고 배우는 것 뿐 아니라 전국 각지의 다양한 학교에서 선발된 팀원들과 인간관계를 맺게 되고, 세계 각국의 문화체험과 현지인과의 교류를 할 수 있는 기회가 주어진다.

현대자동차가 후원하는 해외봉사활동 프로그램 '해피무브 글로벌 청년봉사단' 10기가 올해 초 활동을 마치고 해단식을 가졌다. '해피무브 글로벌 청년봉사단'은 프로그램의 완성도가 높고, 인적 네트워크를 탄탄히 구축할 수 있어 대학생들이 꼭 해보고 싶은 대외활동으로 손꼽히고 있다. 필자의 수강생 중 대학교 1학년 학생이 현대자동차 해피무브 프로그램에 선발되어 팀장으로서 인도에서 봉사활동을 펼친 적이 있다.

[해피무브 합격 자기소개서]

고등학교 때 꾸준하게 번역 봉사활동을 했습니다.

고등학교 2학년 때부터 3학년 때까지 '컴패션 메이트'라는 사이트에서 편지 한 장씩 번역을 하였습니다. 이곳은 기아 난민촌에 사는 아이들에게 후원하는 한국인들의 편지를 번역하는 것입니다. 이런 번역활동으로 저는 난민촌의 실태를 누구보다도 더 직접적으로 알 수 있었고, 저의 꿈을 결정하는 데에도 직접적인 영향이 끼쳤습니다. 다음으로 저는 해비타트에서 집 고치기 봉사활동에 참가하였습니다. 독거노인들의 집들을 대상으로 한 봉사활동이었는데, 고치기 전과 후의 몰라보게 달라진 모습을 보면서 스스로에 대한 뿌듯함으로 행복했습니다.

그리고 대학교에 진학한 후에는 '국인'이라는 동아리에서 교육기부와 재능 나눔 활동을 꾸준하게 해오고 있습니다. 2012년 3월 16일~28일까지 일산 킨텍스에 교육기부 박람회에 참가하여 부스를 설치하고 (1:1) 혹은 (1:다수)로 학생의 꿈이나 진로와 현재 상황을 듣고 알맞은 진로설계를 하고, 포트폴리오 작성을 지도해 주었습니다. 또한 이번 여름방학 땐, 약 14일간 일본 글로벌 멘토링에 참가하였습니다. 재일교포 학생들을 대상으로 오사카에 있는 건국학교에 가서 영어를 가르쳤습니다. 그 당시 교실에서 의식주를 해결하고 약 1주일간 입시지도 때문에 거의 잠을 자지 못했지만, 끝나고 나서 오는 뿌듯함과 보람은 아직까지 잊을 수가 없습니다. 지금도 메일로 학생들과 연락하면서 미래에 대한 조언을 해주며 든든한 선생님으로서의 역할을 해오고 있습니다.

20살의 저의 목표를 '최대한 많은 경험을 해보자'로 정했습니다. 그래서 이것저것 많이 해보려고 노력했습니다.

첫 번째로, 동아리 및 단체 활동을 활발히 하였습니다. 수능이 끝나고 대학에 합격한 후 저는 '국인'이라는 동아리에서 선발되어 활동하게 되었습니다. '국인'은 다양한 대학생들의 선배들과 함께 재능 나눔과 교육기부를 하고 있는 단체입니다. 위에서 언급한 바와 같이 봉사활동 뿐만 아니라 1기에서 9기까지 엄청난 수의 선배들과 돈독한 관계를 맺으며 꾸준하게 활동해오고 있습니다. 그리고 9월부터 영화관 안에 있는 카페에서 아르바이트를 시작하였습니다. 서비스업은 첫 경험이라 일을 배우는데 미흡한 부분이 많았습니다. 그래서 실수도 하고, 선배들에게 혼도 많이 났습니다. 하지만 시간이 지날수록 일도 더 능숙해지고, 실수도 줄어들면서 가족 같은 분위기에서 편안하게 일할 수 있었습니다. 또한 다양한 특성을 가진 손님들을 대처하는 법도 생기면서 즐겁고 재미있게 일할 수 있었습니다. 세 번째로, 적극적이고 성실한 학과 활동 및 학회 활동입니다. 현재 저는 영문학과 대표를 맡고 있습니다. 그래서 MT를 추진하고, 기획하며 과 행사에 있어서는 누구보다 더 주체적으로 활동하고 있습니다. 하지만 이러한 활동들이 정말 좋아서, 누구보다 더 적극적으로 나서서 하는 것인 만큼 절대 힘들다고 느껴본 적은 없습니다. 이처럼 누구보다도 더 즐겁고 행복하게 다양한 활동을 해오고 있습니다. 그리고 앞으로도 새로운 활동을 찾아 나아갈 예정입니다.

'경력'을 거꾸로 하면 '역경'이 됩니다.

이 말은 곧 역경이 없으면 경력을 쌓을 수 없다는 의미를 내포하고 있습니다. 저는 한 달 후면 21살이 됩니다. 24시간이라는 인생시계에서 오전 6시 50분을 달려 나가고 있는 것입니다. 아직까지는 제 인생에서 딱히 엄청난 역경이라고 할 만한 일들이 없었습니다. 하지만 지금까지 소소한 시련은 있었습니다. 그것은 바로 도전적인 저의 성격에서 비롯된 시련들이었습니다. 저의 별명은 '홍나댐'입니다. 학창시절 많이 나댔기 때문이었습니다. 하지만 이때 '나댄다'의 의미는 긍정적인 나댐입니다. 누구보다도 앞에서 적극적이고 주체적으로 일을 수행하려 한 저의 특성 때문입니다. 따라서 저는 한 번도 저의 별명을 부끄럽다고 여기지 않았습니다. 그리고 오히려 더 나대기 위해 노력하였습니다. 그 결과 초등학교, 고등학교 때 전교회장에 당선되어 학교를 이끌어 왔으며 현재는 과대표에 당선되어 과를 위해 봉사해오고 있습니다. 저의 또 다른 별명은 '웃음 유발 장치'입니다. 사람들은 줄곧 저를 보면 웃음이 나온다고 합니다. 평소 제 얼굴에 항상 미소를 띠고 있기 때문입니다. 저의 고등학교 1학년 담임선생님은 아무리 힘들고 괴로워도 웃음은 잃지 말라고 강조하셨습니다. 그때부터 길러온 웃음을 머금는 습관은 타인이 저를 보면 자동으로 웃음 짓게 만드는 '행복 나눔 장치'로 탄생하였습니다. 이처럼 저는 매사 웃고, 긍정적인 마인드를 갖고 있고, 적극적이고, 주체적인 홍지은이라고 말할 수 있습니다.

이번 봉사활동은 제게 정말 소중한 경험이 될 것입니다.

무엇보다도 번역 봉사활동처럼 간접적인 체험이 아닌 직접 제 눈으로 보고 제가 직접 봉사활동을 하면서 느끼는 것들은 더 많은 가르침을 줄 것이라는 생각이 듭니다. 항상 노선할 때마다 느끼는 새로움들을 이번 해외봉사를 통해서 다시 한 번 느껴보고 싶습니다. 특히나 제가 인도를 지원하게 된 계기도 여기에 있습니다. 인도에서는 현대 모델 빌리지 사업에 참여하고, 시설보수와 교육봉사를 한다고 들었습니다. 모델 빌리지 사업이 궁금하여 검색을 해보니 빌리지 건설 사업에 참여하는 것이라고 들었습니다. 이러한 건설 사업은 집 고치기 봉사활동을 했던 경험이 큰 도움을 될 것이라는 생각이 듭니다. 그 당시 동대문구 장안동에 있는 독거노인 분의 집을 고쳐드렸습니다. 벽지를 다 뜯고 장판도 다 뜯어 새로운 벽지를 바르고 장판을 깔았습니다. 처음 해본 활동이라서 정말 힘들었지만 다 하고 나서 새로운 집을 본 저로서는 아주 보람차고 기분 좋은 활동이었답니다. 이런 경험을 토대도 인도에서의 빌리지 사업을 직접 도움으로써 보람을 느껴보고 싶습니다.

교육봉사활동은 가장 자신있는 부분입니다. 무엇보다 교육봉사 부문에서는 경험도 많기에 인도에서의 봉사활동에서도 교육봉사 활동에 많은 도움을 줄 것이라고 생각합니다. 그리고 저는 교육뿐만 아니라 인도 아이들에게 한국의 태권도를 직접 가르쳐주고 싶습니다. 그럼으로써 한국문화도 알리고 싶습니다. 뿐만 아니라 다양한 음악을 듣고 함께 그림도 그리면서 그들과 소통하고 같은 것을 느껴보고 싶습니다. 그리고 인도 아이들에게 한국문화를 체험할 수 있는 시간도 만들어 주고 싶습니다. 한글 배우기, 한국 전통음식 만들어보기, 윷놀이와 전통게임 해보기 등을 통해 그들에게 우리 문화를 가르쳐주고 싶습니다.

[해피무브 면접 합격자 100초 스피치]

자동차는 인간에게 편안함을 제공합니다.
자동차는 인간에게 즐거움을 제공합니다.
자동차는 인간에게 자신감을 제공합니다.
즉, 자동차는 인간들에게 여러 가지 이점들을 가져다줍니다.

저는 자동차가 제공하는 편안함, 즐거움 그리고 자신감, 이 세 요소를 모두 품고 있습니다. 가장 먼저 외모적으로 상당히 편안하고 좋은 인상을 가지고 있습니다.

그 이유는 항상 얼굴에 웃음을 잃지 않기 때문입니다. 이것은 제 맘속에 '하면 된다'라는 긍정적인 마인드로부터 비롯됩니다.

다음으로 저는 인생을 아주 즐겁게 살고 있습니다. 저는 저의 삶이 너무 행복합니다. 사람들은 줄곧 "넌 인생 참 열심히 산다"라는 말을 많이 해주었습니다. 가끔은 일이 잘 안 풀리고 밀리고 해서 체력적으로 힘들 때도 있었습니다. 하지만 이를 좀 더 견디고 제게 주어진 일을 다 끝냈을 때 오는 짜릿함과 뿌듯함은 이루 말할 수가 없습니다.

마지막으로 저는 자신감을 가지고 있습니다. 똘똘 뭉친 자신감으로 일상에 부딪치며 적극적이고 뭐든 나서서 하려고 하는 성격 탓에 친구들 간의 교우관계도 매우 좋습니다. 이런 자신감은 오히려 저를 더욱 도전적이고 열정적인 학생으로 만들었습니다.

이것이 바로 저, 스무 살 ○○○입니다.

선배들은 저를 20대의 핏덩이라고 부릅니다.

하지만 나이는 숫자에 불과할 뿐, 저의 열정만큼은 어느 누구보다도 뜨겁고 강렬하답니다. 제가 품고 있는 3요소, 편안함, 즐거움, 자신감은 인도 봉사활동에 있어서 크게 기여할 것이라고 생각합니다.

감사합니다.

Chapter
9

기업에서
원하는
실무능력

Part 1
기획력

• • •

1. 기획이란 무엇인가?

궁금한 것(WHAT)에 대한 해결책이 'FEEL'로 느껴지게 하는 (How) 예술

기획서는 궁극적으로 상대방을 설득하고 결정을 내리도록 만드는 글이다. 상대방에게 정보를 제공하기 위한 글이 아니다. 따라서 일단은 상대방이 읽도록 만들어야 하고 그 다음은 상대방을 설득해야 한다. 이 두 가지 요소만 충족시키면 그 기획서는 성공이다.

2. One Page 기획서

'진정한 프로는 수십 장 분량을 압축하면서도 말하고자 하는 바가 분명한, 오직 한 장의 완벽한 기획서로 보스를 감동시킨다 _패트릭 G. 라일리'

3. One Page 기획서의 효과

문서 전체의 흐름이 한눈에 들어온다.

체계가 잘 정돈되어 있어 읽기가 쉽다.

표현 방법이 역동적이고 인상이 강하다.

전체와 부분의 관계를 파악하기 쉽다.

문서 형식을 표준화해 나갈 수 있다.

4. 보고목적의 명확화

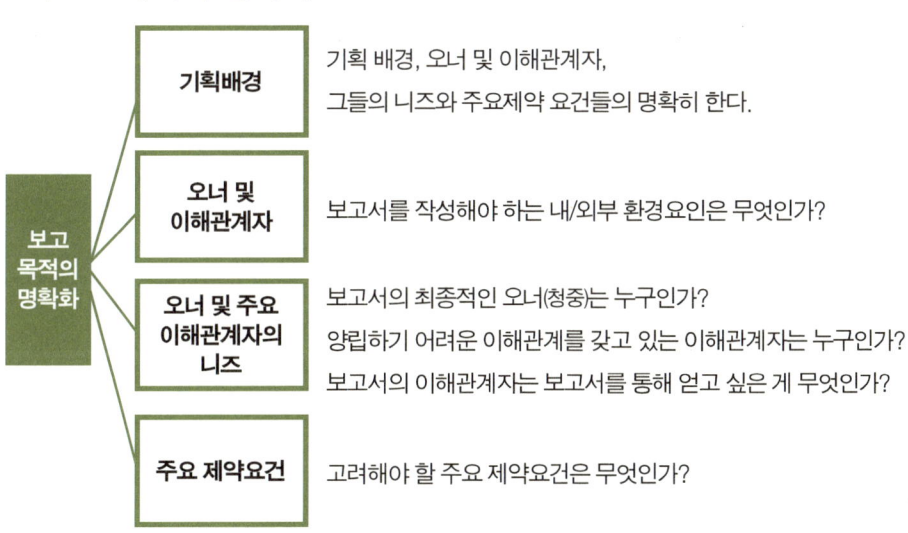

보고 목적의 명확화

기획배경
기획 배경, 오너 및 이해관계자,
그들의 니즈와 주요제약 요건들의 명확히 한다.

오너 및 이해관계자
보고서를 작성해야 하는 내/외부 환경요인은 무엇인가?

오너 및 주요 이해관계자의 니즈
보고서의 최종적인 오너(청중)는 누구인가?
양립하기 어려운 이해관계를 갖고 있는 이해관계자는 누구인가?
보고서의 이해관계자는 보고서를 통해 얻고 싶은 게 무엇인가?

주요 제약요건
고려해야 할 주요 제약요건은 무엇인가?

5. 자료 수집 및 분석

자료 수집 및 분석

> '나만의 자료'가 있어야 한다.
> - '왜'라고 생각하는 습관을 갖는다.
> - 담당업무 및 관심 분야에 대해 평소에 데이터를 모은다.

> '나만의 스케줄 캘린더'가 있어야 한다.
> - 평소 생활 속에서 자료를 수집하고 정리한다.
> - 한 발 앞선 나의 미래를 위해 앞날을 예측하는 전략 캘린더를 만든다.

> '나만의 아이디어'가 있어야 한다.
> - 현장 방문, 꾸준한 독서, 웹 서핑 등 시대의 흐름에 맞게 자료를 모은다.
> - 데이터를 트렌드 및 고객의 니즈에 맞도록 나만의 생각으로 가공한다.

6. One Paged Proposal 핵심원칙

보고서 자체만으로 '의사결정'이 가능하도록 간결하게 작성하라

(1) 문자는 짧고 굵게 작성하라

- 신차에 대한 품질 Test 결과를 살펴보면 전자장치에 문제가 있다고 할 수 있다(X)

- 신차의 품질 Test 결과 전자장치에 문제가 있음(O)

(2) 중복표현 사용금지

- 앞으로의 추진계획(X)

- 추진계획(O)

(3) 수식어의 중복 사용금지

- S사 클레임은 긴급하고 신속하게 처리해야 한다(X)

- S사 클레임은 긴급하게 처리해야 한다(O)

7. 서술어를 챙겨라

이 협회의 목적은 점차 심화되어 가고 있는 고령화 사회를 대비하여 40대의 장년층에게 합리적 경제활동을 강화하여 60대 이후의 안정적 노후를 맞이하게 하여 개인의 삶의 질 향상은 물론 자아를 실현하고 나아가 사회발전에 기여하게 하기 위하여 40대의 장년층에 대한 경제활동 현황을 분석하고 이의 발전방향을 정립하고자 한다.

-〉 이 협회의 목적은 40대 장년층의 경제활동 현황을 분석하고 그 발전방향을 정립함에 있다. 우리나라 장년층이 안정된 노후와 함께 자아를 실현하고 사회발전에 기여하기 위해서는 합리적 경제활동이 중요하기 때문이다.

8. 뜻을 정확하게 전달하도록 작성하라

(1) 애매한 표현 사용금지

빠른 시일 내에 검토를 완료할 예정이다(X)

3일 내(또는 4월 1일까지)에 검토 완료할 예정이다(O)

(2) 이중부정 사용금지

당사 제품이 타사 제품대비 우수하지 않다고 할 수 없다(X)

당사 제품이 타사제품 대비 우수하다(O)

(3) 수동적 표현 사용 금지

최종 제품 조립 시 치수정밀도가 가장 중요한 항목이라 전해지고 있다(X)

최종 제품 조립 시 치수정밀도가 가장 중요한 항목이다(O)

(4) 육하원칙 사용

어제 오산아파트 건설공사 현장에 비가 많이 와서 작업을 중단하였다(X)

2013년 1월 10일(목) 13~15시 경, 오산아파트 건설공사 현장에 시간당 30mm 폭우로 인해 10명의 작업자가 콘크리트 작업을 중단하였다(O)

9. 상사의 언어와 동기화 하라

핵심보고를 잘하기 위해서는 작성자의 관점이 아닌 상사의 관점에서 보고해야 한다.

임원(상사) 용어	표현	구분
블루오션	우리 회사를 이끌고 갈 신사업은 ~	X
	우리 회사를 이끌고 갈 블루오션은 ~	O
고객감동	고객만족에 비용을 더 사용해야 ~	X
	고객감동에 비용을 더 사용해야 ~	O
KBF(Key Buying Factor)	고객이 이 제품을 사는 구매동기는 브랜드이고 ~	X
	고객이 이 제품을 사는 KBF는 브랜드이고 ~	O

10. 사진, 표, 그림 등으로 정보를 이미지화 하라

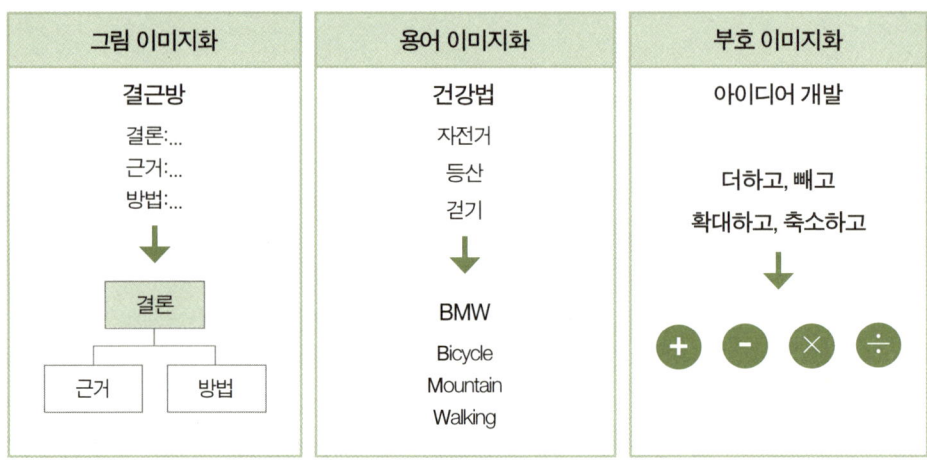

11. 보고를 받는 사람에 따라 방법을 달리하라

상대가 내용을 잘 모를 때는 배경 -> 상황 -> 결론 순으로, 상대방이 내용을 잘 알고 있을 때는 결론 -> 이유 -> 방법 순으로 한다.

12. 보고서 양식

(1) 내용전달 보고서

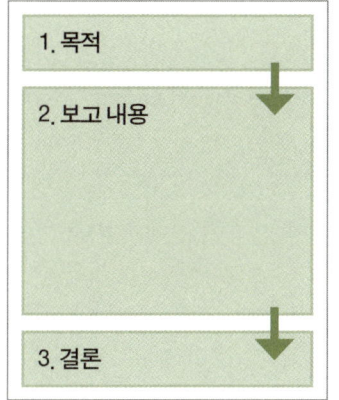

[목적]에서는 언제 실시된 것인지, 어떤 내용인지 등을 분명하게 지시하여 'What'을 명확하게 표현해야 한다.

[보고 내용]은 전체적인 내용에서 부분적인 내용 순으로 작성하면 전체적인 내용을 쉽게 이해할 수 있다.

[결론]에서는 내용을 하나로 요약해 보충문장을 쓰는 방법과 결론을 2~3 항목으로 작성하는 방법이 있다. 중요한 것은 일관성과 논리성을 갖추는 것이다.

도표와 사진을 효과적으로 사용하여 가독성을 높여야 한다.

(2) 방법/제안 보고서

이미 결정된 **[결론]**을 근거로 'HOW'를 설명하는 보고서이다.

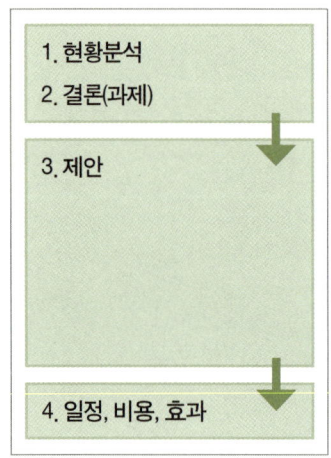

[제안]에 많이 할애하는 것이 좋으며, 제안이 채택되어 실행으로 옮길 수 있도록 작성한다.

[일정, 비용, 효과] 등 구체적인 내용을 추가하여 제안을 더욱 구체화 할 수 있다.

(3) 전략방향 보고서

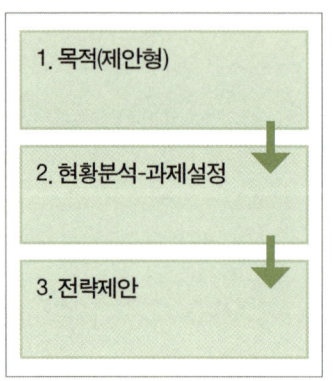

전략 또는 방향을 제시하는 경우에 활용되는 보고서 양식이다.

[현황분석]에서는 테마와 콘셉트를 이용하여 설득력 있는 보고서가 되도록 하는 것이 중요하다.

[전략제안]에서는 명확한 방향성을 제시한다.

Part 2
프리젠테이션 능력

• • •

프리젠테이션은 청중의 니즈를 기반으로 발표자가 목적하는 바를 효과적으로 청중에게 전달하는 과정이다. 이 모든 것은 쌍방향, 곧 '소통'을 목적으로 한다.

1. 청중의 권리장전

"나는 청중입니다. 나에게는 니즈가 충족될 권리가 있습니다."

(1) 목표에 대하여

① 청중이 발표자가 의도하는 생각과 실천이 무엇인지 알 권리

② 청중이 발표에서 무엇을 얻을 수 있는지에 대해 알 권리

③ 청중이 발표에 참석한 시간의 가치를 보상 받을 권리

(2) 존경에 대하여

① 조급한 결론을 강요받지 않고 충분히 생각할 시간을 가질 권리

② 정확한 대답을 듣지 못했을 때 정직한 대답을 들을 수 있는 권리

③ 형편없는 발표에 대해 자리를 박차고 일어날 권리

(3) 시간에 대하여

① 발표 예상 소요 시간을 미리 알 권리

② 정시에 시작하고 끝나서 바쁜 일정에 차질이 없게 할 권리

③ 생리 현상을 비롯한 여러 이유로 적절한 휴식 시간을 가질 권리

(4) 내용에 대하여

① 발표 진행 과정과 최종 결과를 알 권리

② 결정사항과 근거 그리고 결론을 뒷받침한 사실을 알 권리

③ 중요한 정보를 먼저 알 권리

④ 의외의 결말은 거부할 권리

(5) Visual에 대하여

① 어떤 자리에서도 돋보기 없이 모든 단어를 읽을 권리

② 복잡한 차트에 대해 자세한 설명을 들을 권리

(6) 융통성에 대하여

① 공동의 이해에 도달하기 위해 토론시간을 요구할 권리

② 언제라도 질문할 수 있는 권리

③ 질문했을 때 미루는 대신에 즉시 대답을 들을 권리

(7) 전달에 대하여

① 회의실 뒷자리에서도 모든 소리를 들을 수 있는 권리

② 거친 동작 때문에 산만해지는 일 없이 몰두할 권리

③ 발표자의 얼굴과 내용을 정면으로 듣고 볼 권리

(8) 종결에 대하여

① 합의 사항과 이후의 과정을 분명하게 알 권리

② 회의실을 떠날 때에는 의미 있는 일을 성취했다는 느낌을 가질 권리

(9) 하지 말아야 할 일

① 정치, 종교 등 논란을 일으킬 만한 말은 피한다

● 자신을 과장하거나 비하하는 표현을 삼간다.

● 청중을 탓하는 투의 시작은 금물이다. 예를 들어, "준비를 철저하게 했어야 했는데 혹시 실수가 있더라도 이해바랍니다.", "여러분을 지루하고 힘들게 할지도 모릅니다.", "기대하지 말아 주시기 바랍니다.", "저는 이 분야의 전공자도 아니고 전문가라고 하기에도 부족합니다.", "기왕 이렇게 나왔으니까 시간을 채워야 할 텐데 자신 없습니다.", "이렇게 적은 인원이 참석하셔서 유감입니다만, 어쨌든 주어진 시간이니", "제가 등장할 때 박수소리가 작아 좀 기운이 빠집니다." 등 이런 시작은 좋지 않다.

② 듣는 이에게 맞게 하라

당신이 무슨 일을 하는지 쉽고 분명하고 구체적으로 말해야 한다.

- "고객의 문제를 해결했습니다."

- "고객과 파트너십을 구축했습니다."

- "고객이 우리의 최상의 서비스를 의지하고 있습니다."

이런 판에 박힌 말 보다 다음과 같은 표현을 권한다.

"~라는 점 때문에 고객이 우리를 고용했습니다."

"~라는 점 때문에 고객이 우리에게 투자했습니다."

"~라는 점 때문에 고객이 우리에게 의지하고 있습니다."

③ 누가 프레젠테이션의 주인공이어야 하는가?

청중을 사로잡는 자료, 도움을 주는 자료

존재감 없는 발표자가 아니라 자신감 넘치는 발표자

문서(Document)란?

제안서 · 보고서 · 기획서 · 편지 · 전자메일 · 팩스 · 메모 등
문자로 구성된 것

자신의 의사를 전달하고 상대를 설득할 목적
(대화의 기법)

- 나를 차별화할 수 있는 논리적이고 설득적인 문서를 요구

- 문서를 통하여 상대를 설득하는 것이 중요한 업무 역량으로 부각

- 문서작성 역량은 각자가 체득하여야 함

④ 자료 기획의 5가지 요소

주목하기 쉽고 이해하기 쉬운 프리젠테이션을 만들기 위함

탄탄한 스토리라인의 개발

이해하기 쉬운 구조 선택

객관적이고 논리적이며 체계적인 내용

명료하고 설득력 있는 구체적인 문장

⑤ 스토리라인 구성

왜 스토리라인을 작성하는가?

- 성공적인 커뮤니케이션을 하기 위해서는 내용을 구조화하여 Good Structured Communication 해야 한다.
- 탄탄한 스토리라인 구성이 프레젠테이션 자료의 핵심이다.

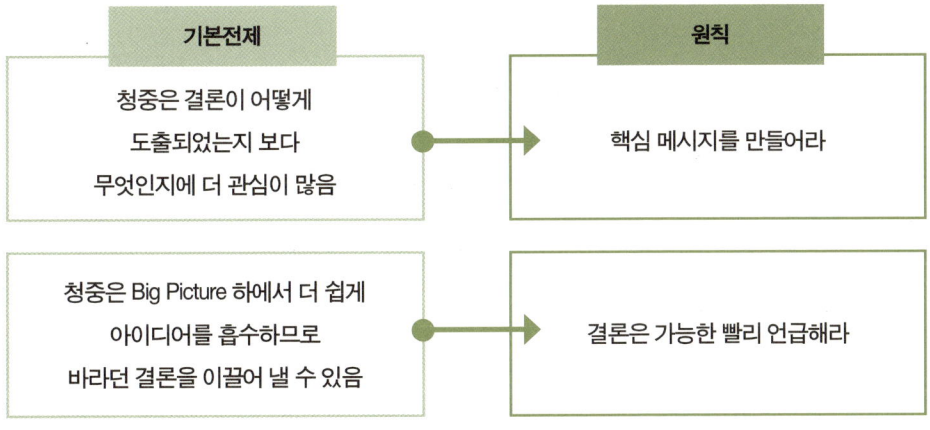

기본전제	원칙
청중은 결론이 어떻게 도출되었는지 보다 무엇인지에 더 관심이 많음	핵심 메시지를 만들어라
청중은 Big Picture 하에서 더 쉽게 아이디어를 흡수하므로 바라던 결론을 이끌어 낼 수 있음	결론은 가능한 빨리 언급해라

⑥ 스토리라인의 전개

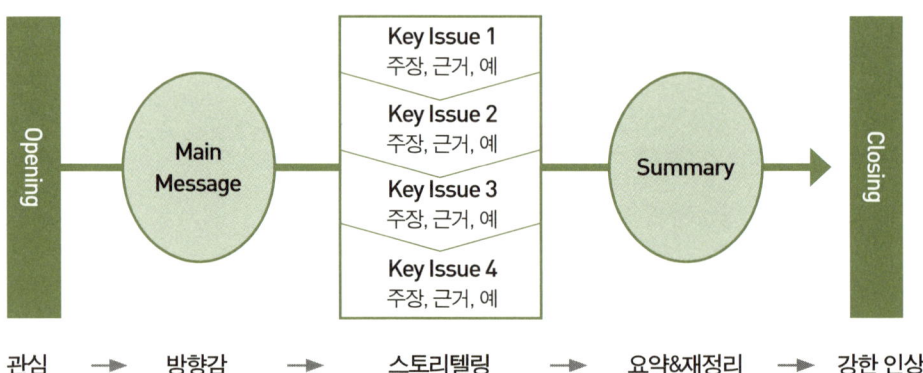

⑦ 스토리라인 요약

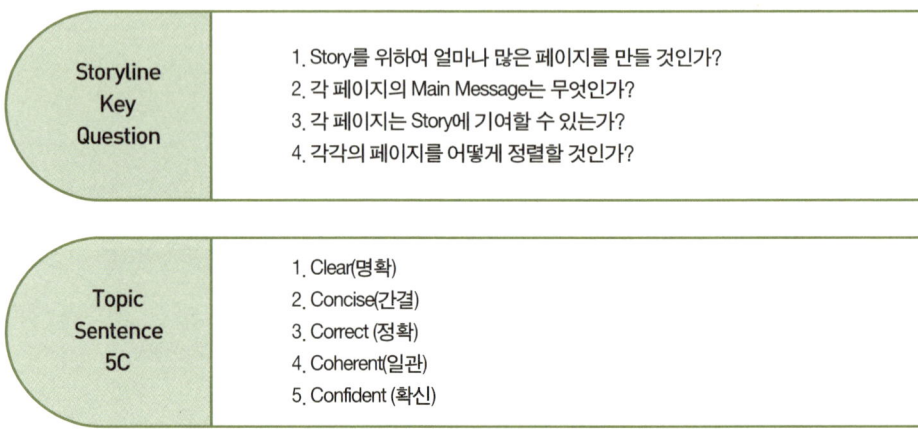

Part 3
의사소통 능력

• • •

1. 상호전달의 기본원리

관계는 자극과 반응의 연속 과정으로 이루어진다. 따라서 대인관계를 잘하기 위해서는 자신의 의도를 명확하게 전달할 수 있어야 하며, 또한 상대의 자극에 대해 의도하는 바를 알아차릴 수 있어야 한다. 그러나 교류과정에는 개인의 신념이나 경험, 사회 문화적 특성이 반영된다. 그러므로 단순한 사실을 전달하는데 있어서도 발신자 나름대로의 표현방법과 수신자의 해석방법의 차이로 인해 커뮤니케이션에 오해가 생길 수도 있다.

2. DISC 유형별 특성

일반적으로 사람들은 태어나서부터 성장하여 현재에 이르기까지 자기 나름대로의 독특한 동기요인에 의해 선택적으로 일정한 방식으로 행동을 취하게 된다. 그것은 하나의 경향성을 이루게 되어 자신이 일하고 있거나 생활하고 있는 환경에서 아주 편안한 상태로 자연스럽게 그러한 행동을 하게 된다. 우리는 그것을 행동 패턴(Behavior Pattern), 또는 행동 스타일(Behavior Style)이라고 한다. 사람들이 이렇게 행동의 경향성을 보이는 것에 대해 1928년 미국 콜롬비아대학 심리학교수인 William Moulton Marston 박사는 독자적인 행동유형모델을 만들어 설명하고 있다. Marston 박사는 이러한 인식을 축으로 한 인간의 행동 유형(성격)을 구성하는 4개의 핵심 요소인 주도형(Dominance), 사교형(Influence), 안정형(Steadiness), 신중형(Conscientiousness)으로 구분하고, 이를 DISC 행동유형으로 부른다.

3. DISC의 목적

- 자신의 행동유형과 강점을 발견하고 이를 활용할 수 있다.
- 타인의 행동을 이해하고 다른 사람과 효과적으로 상호 작용할 수 있다.
- 자신에게 맞는 갈등관리, 대인관계 유지방법, 학습방법을 발견할 수 있다.

D I S C

주도형
Dominance
결과를 성취하기 위해
장애를 극복함으로써
스스로 환경을 조성한다.
다른 사람의 행동을
유발시킨다.
도전을 받아들인다.
의사결정을 빠르게 내린다.
기존의 상태에
문제를 제기한다.
지도력을 발휘한다.
어려운 문제를 처리한다.
문제를 해결한다.

사교형
Influence
다른 사람을 설득하거나
영향을 미침으로써
스스로 환경을 조성한다.
사람들과 접촉한다.
호의적인 인상을 준다.
말솜씨가 있다.
다른 사람을
동기유발 시킨다.
열정적이다.
사람들을 즐겁게 한다.
사람과 상황에 대해
낙관적이다.
그룹 활동을 좋아한다.

안정형
Steadiness
업무의 품질과 정확성을
높이기 위해
기존의 환경 안에서
신중하게 일한다.
중요한 지시나 기준에
관심을 둔다.
세부사항에 신경을 쓴다.
분석적으로 사고하고 찬반,
장단점 등을 고려한다.
외교적 수완이 있다.
갈등에 대해 간접적
혹은 우회적으로 접근한다.
정확성을 점검한다.
업무수행에 대해
비평적으로 분석한다.

신중형
Conscientiousness
과업을 수행하기 위해서
다른 사람과 협력한다.
예측 가능하고 일관성 있게
일을 수행한다.
참을성을 보인다.
남의 말을 잘 듣는다.
흥분한 사람을 진정시킨다.
안정되고 조화로운
업무 환경을 만든다.

 **안 되면 되게 하라**

결과를 성취하기 위해 장애를 극복함으로써 스스로 환경을 조성하는 스타일. 상대를 무시하기 쉬우며 본인이 대화를 리드하고 결정하기를 바란다. 상대의 심기를 건드리지 말고 위신을 존중해 주면서 최대한 자극하지 않고 스스로가 결정하도록 부추기는 것이 좋다.

 **왕따일 바에는 죽음을 달라**

사람 사귀는 재미를 즐기고 다른 사람을 설득하거나 영향을 미침으로써 스스로 환경을 조성하는 스타일. 자신의 감정을 인정받거나 타인과 긍정적인 교류를 하게 될 때 동기를 부여 받는다. 격의 없이 인정, 칭찬해 주면서 친밀감을 조성하고 감성에 호소하면 좋다. 특히 마지막 결정에 갈등하거나 발뺌할 수 있으니 친근하게 리드해야 한다.

좋은 게 좋은 거지

일관성 있고 충실하게 맡은 바를 묵묵히 진행하는 스타일. 가능한 한 위험을 시도하지 않고 현재 상태를 유지하길 원하기 때문에 새로운 만남, 결정 등을 회피하거나 두려워한다. 신뢰, 친분, 일관된 성실성으로 임하면 고객 스스로 무언가 도와줄 것을 찾게 된다.

 **실수는 곧 죽음이다**

정확하고, 분석적으로 장단, 찬반을 고려하며 스스로 생각하며 결정하는 스타일. 어설픈 답변이나 섣부른 결정에 민감하므로 상대의 의견을 끝까지 경청하고 솔직히 인정할 것은 인정하는 것이 바람직하다. 약속, 기일, 내용 등 정확한 정보를 꼼꼼히 알려 주는 성실한 태도를 보일 때 신뢰하며 수긍하게 된다.

[유형별 커뮤니케이션 특징]

주도형

- 짧고 강한 어조를 사용한다.
- 목소리가 크고 속도가 빠르다.
- 평가적, 비판적인 내용이 많다.
- 주관적이고 결론 위주로 말한다.
- 제스처가 많고 크다.
- 직설적이고 따지는 표현이 많다.
- 사무적이다.
- 논리 정연하게 사무적으로 말한다.
- 공격적, 자극적인 언어를 사용한다.

사교형

- 말이 많고 빠르다.
- 목소리가 크고 시끄럽다.
- 농담, 유머, 재치를 발휘하며 말한다.
- 어휘 구사력이 좋다.
- 대화의 분위기를 주도한다.
- 제스처가 다양하다.
- 주목받는 것을 좋아한다.
- 칭찬을 들으면 신이 난다.
- 표정이 다양하고 쉽게 흥분한다.

안정형

- 말수가 적고 조심스럽게 말한다.
- 목소리가 작고 침착하다.
- 주로 듣는 편이다.
- 친숙한 분위기에서 말하는 게 편하다.
- 제스처가 적다.
- 감정이 얼굴에 드러난다.
- 상대 의견을 존중하고 긍정적이다.
- 논쟁을 별로 좋아하지 않는다.
- 우회적이고 미사여구가 적다.

신중형

- 일정한 톤으로 천천히 말한다.
- 눈맞춤을 적게 한다.
- 애매한 표현은 하지 않는다.
- 신중하게 정리해서 말한다.
- 일정한 주제를 토론하길 좋아한다.
- 필요한 말만 하고 결론만 말한다.
- 미사여구가 없고 간결하다.
- 사무적이고 원칙을 중시한다.
- 필요하다고 생각하는 것만 말한다.

[상황별 커뮤니케이션 특징]

주도형 반대를 극복하고 성과를 올린다

- 자아가 강하다
- 압력시: 참지 못함, 폭발
- 두려움: 이용당함, 통제력 상실
- 동기요인: 구체적 결과, 권한, 도전, 변화

사교형 성과를 올리기 위해 타인과 친밀히 지냄

- 감수성이 강하고 낙천적이다
- 압력시: 비체계적인 경향, 감정적
- 두려움: 거절, 인정받지 못함
- 동기요인: 사회적 인정, 명성, 다양한 활동

안정형 일의 수행에 있어 타인과의 협력 중점

- 인내심이 강하다
- 압력시: 결단력 부족, 극단적 양보
- 두려움: 급격한 변화, 안정의 상실
- 동기요인: 안정된 환경, 일관성 있는 실행

신중형 현상을 유지하면서 일의 질적 향상 도모

- 기준이 높다
- 압력시: 고집스러워짐, 민감한 반응
- 두려움: 일에 대한 비판
- 동기요인: 정확함, 상세한 설명, 옳은 기준

Part 4
기업이 원하는
인성 및 비즈니스 매너

• • •

1. 매너와 에티켓

매너	에티켓
매너(Manner) ● 행동하는 방식이나 자세, 태도, 버릇, 몸가짐으로 순화 ● 일상생활에서의 예의와 절차 라틴어 유래 ● Manuarius에서 유래 주관적 행동 양식	에티켓(Etiqette) ● 예의범절을 이르는 말 ● 기본적으로 지켜야 할 예의 규범 프링스어 유래 ● Estiquier에서 유래 객관적, 기본적

(1) 매너

① "이과장님은 족구경기 매너가 참 좋은 것 같아."

② "은희는 무대 매너가 정말 끝내줘."

③ "마구잡이로 옆 차선에 끼어드는 매너 없는 운전자가 많아."

(2) 에티켓

① 버스이용 시 노약자에게 자리를 양보한다.

② 공공장소에서 흡연을 삼간다.

③ 줄을 서서 차례로 기다린다.

④ 횡단보도를 건널 때는 신호를 준수한다.

2. 인사

인사는 사람과 사람이 만나 하는 일 중 가장 첫 번째로 이루어지는 것이다. 인간관계의 시작과 끝이다. 상대에 대한 친절과 존경심을 표현하라. 나의 예(禮)를 다하는 일이다.

■ 잘못된 인사 매너

— 눈을 보지 않고 말을 하지 않는 인사

— 흐트러진 인사

— 윗사람에게 '수고했습니다' 라는 인사말

— 계단 위쪽에서 손윗사람에게 인사

3. 용모와 복장 매너

외모는 그 사람의 품성을 제일 먼저 판단하게 한다. 특히 첫인상을 결정하는 결정적 요소이기에 의미의 중요성이 있다.

● 청결성과 단정함

● 품위과 품격

● 전체적인 조화가 중요함

(4) 남성용모 관리 Point

① 깔끔한 면도상태를 유지한다.

② 화장품은 냄새가 강하지 않은 것을 쓴다.

③ 세부적인 냄새관리로 고객에게 좋은 이미지를 주도록 한다.

④ 컨디션이 좋지 않은 날도 최선의 모습을 유지하기 위해 노력한다.

(5) 여성용모 관리 Point

① 두꺼운 아이라인은 NO

② 짙은 마스카라는 NO

③ 짙은 레드 립스틱은 NO

④ 립스틱이 번지지 않았는지 수시로 체크한다.

⑤ 오후시간에 화장을 수정한다.

⑥ No Make Up은 NO

⑦ 향수는 너무 강하지 않은 향을 선택한다.

4. 악수 매너

- 여성이 남성에게
- 윗사람이 아랫사람에게
- 선배가 후배에게
- 기혼자가 미혼자에게
- 상급자가 하급자에게

5. 호칭매너

- 상사의 성과 직위 다음에 '님'의 존칭을 붙인다. ('나과장님', '이부장님')
- 성명을 모르면 직위에만 '님'의 존칭을 붙인다. ('과장님', '부장님')
- 상사에게 자기를 지칭할 경우 '저' 또는 성과 직위나 직명을 사용한다.('나과장입니다.', '인사과장입니다')
- 하급자나 동급자에게는 성과 직위 또는 직명으로 호칭한다.('김부장', '인사부장')
- 초면이나 선임자가 연장자 일 경우 '님'을 붙이는 것이 상례이다.
- 하급자나 동급자 간에 자기의 호칭은 '나'를 사용한다.

6. 명함매너

(1) 가슴선과 허리선 사이에서 목례를 한다.

(2) 양손으로 명함의 여백을 잡고 건넨다. 이때 명함의 방향은 고객이 바로 볼 수 있도록 한다.

(3) 소속과 이름을 정확하게 말한다. (예: ○○○회사의 ○○○입니다.)

　(반드시 고객보다 먼저 소개한다. 고객이 2인 이상일 경우 윗사람부터 소개한다.)

(4) 명함을 건넬 때 이름이 고객 쪽을 향하도록 한다.

(5) 유의사항

① 아랫사람이 윗사람에게 먼저 건넨다.

② 건네는 사람이 2인 이상일 경우 윗사람에게 먼저 준다.

③ 어려운 한자가 있으면 바로 질문을 해서 알아둔다.

    (예: 실례지만 중간 함자는 어떻게 읽습니까?)

④ 명함은 반드시 명함집에 보관하는 습관을 들인다.

⑤ 명함에 낙서를 하지 않도록 한다.

⑥ 받자마자 바로 넣지 않도록 한다.

Part 5

조직적응력

• • •

기업이 원하는 인재는 크게 회사의 가치관과 일치하는 인재, 실제 업무를 잘해낼 수 있는 역량이 검증된 인재, 조직 적응력이 우수한 인재이다.

1. 직장內 생존법칙

- 조직이 원하는 최고의 인재는 '문제해결형' 인재다.

- CEO 가까이 가면 살고 멀어지면 죽는다.

- 내 맘에 꼭 드는 직장상사는 없다.

- 인맥(네트워크)은 안 되는 일도 되게 한다.

- 연봉보다 브랜드를 먼저 챙겨라.

- 회사의 주인은 나다.

- 자기 몫을 포기해야 리더십이 생긴다.

2. 선호하는 부하직원

1위. 맡겨진 일이 작은 일이라도 열심히 하는(성실한) 부하직원

2위. 진행하는 업무에 대해 중간보고를 잘하는 부하직원

3위. 매사에 긍정적인 부하직원

4위. 때와 장소에 맞는 매너 있는 태도를 갖춘 부하직원

3. 비호감 부하직원

1위. 실수한 사실을 드러날 때까지 시인하지 않거나 문제점을 모르는 부하직원

2위. 매사에 불만이 가득한 부하직원

3위. 맡겨진 일 이외에는 전혀 관심이 없는 부하직원

4위. 업무능력(전문성)이 부족한 부하직원

5위. 직장인 답지 않은 어투와 태도를 버리지 못한 부하직원

부록

2013년 새롭게 바뀐 정책들

• • •

2013년 새롭게 바뀐 정책으로 인해 금융, 통신, 건설, 부동산, 고용, 노동 등에 변화가 예상된다. 이러한 정책의 변화가 희망업종과 희망기업에 어떤 영향을 끼치게 될지 분석해 보면 자기소개서 작성뿐 아니라, 토론면접과 PT면접 준비에 많은 도움이 될 것이다. 예를 들면 '카드 가맹점 수수료율 변경이 카드사에 어떤 영향을 끼칠 것인지', '아날로그 방송이 종료되고 디지털 방송이 송출되면서 통신, 전자, 유통, 방송 업종에 어떤 변화가 예상되는지, 이에 따라 기업들은 어떤 대응책을 강구하게 될 것인지' 분석해 보라.

1. 금융

카드 가맹점 수수료율 연매출로 적용

카드 가맹점에 업종별로 적용해오던 수수료율이 내년부터 연매출 단위로 바뀐다. 연매출 2억 원 미만인 중소 가맹점은 가장 낮은 1.5%의 우대수수료율이 적용된다.

보험료 싸진 '단독 실손 보험 상품' 출시

치료비와 입원비 등을 지급하는 실손 의료 보험만 따로 뗀 단독 상품이 나온다. 소비자가 자기부담금 20%인 표준형 단독 실손 보험을 고르면 10%인 상품보다 보험료를 10%가량 덜 내게 된다. 보험료는 월 1만~2만 원대다.

단기 자동차보험 가입자 무사고 할인혜택 적용

'자동차보험 참조요율서' 개정 등으로 자동차보험에 가입한 지 1년이 안 되는 사람도 사고를 내지 않을 경우 보험료 할인을 받을 수 있게 된다. 무사고인 운전자가 6개월 이상 자동차보험에 가입했으면 새로 드는 자동차보험에 대해 1년 만기 보험할인 폭의 2분의 1을 할인 받을 수 있다.

대출조건으로 은행 상품권 등 판매 규제

은행이 대출자에게 선불카드, 선불전자 지급수단, 상품권 등을 사도록 강요하면 '꺾기'로 간주해 규제를 받는다. 단, 신탁·펀드 등을 담보로 한 대출과 수시입출식 예금 가입, 월 10만 원 이하의 소액 상품 가입은 꺾기의 예외로 인정한다.

전 금융권 일회용비밀번호(OTP) 온라인 등록 가능

증권 권역에서만 허용되던 온라인 OTP 등록이 전 금융권으로 확대된다. 고객은 영업점에 방문할 필요 없이 자신이 거래하는 금융회사에서 발급받은 OTP를 온라인 등록만으로도 다른 금융회사에서 사용할 수 있게 된다.

2. 건설, 부동산, 교통

국민주택기금 대출금리 인하 · 소득요건 완화

국민주택기금 대출금리를 0.5%포인트 안팎으로 내려 근로자서민의 전세자금은 4.0%에서 3.7%로, 구입자금은 5.2%에서 4.2%로 인하한다. 또 주택구입·전세자금의 대출 소득요건이 상여금을 포함한 부부합산 소득으로 통합되면서 합산 연소득이 4000만원(신혼부부 4500만원) 이하인 근로자서민은 전세자금을 빌릴 수 있다.

공동주택 주민공동시설 총량제 도입

내년 하반기부터 입주자의 수요에 따라 경로당, 보육시설, 운동시설 등 주민공동시설을 자유롭게 설치할 수 있을 전망이다. 기존 주택단지도 총량제 요건을 만족할 경우 시설용도 변경이 가능하다.

재건축부담금 한시적 면제

2014년 말까지 관리처분 계획 인가를 신청하는 재건축사업은 조합원 1인당 평균 3000만 원 이상 이익을 내면 부담해야 하는 재건축부담금을 면제받는다.

새만금개발청 신설

'새만금 특별법'에 따라 올해 9월부터 국토해양부 소속 새만금개발청을 신설, 6개 부처에서 분산 수행했던 새만금 개발업무를 일원화한다.

최고속도 제한장치 의무화 대상 확대

4.5t 이상 승합자동차와 3.5t 이상 화물자동차에 의무적으로 설치하는 최고속도 제한장치를 앞으로는 모든 승합자동차에 장착해야 한다.

자동차 안전기준 강화

자동차 사고로 인한 보행자 피해를 줄이기 위해 자동차 안전기준이 강화된다. 내년부터 제작하는 승용차는 보행자 머리와 다리에 대한 새 상해기준을 의무적으로 충족해야 한다.

폐수 · 분뇨 해양 배출 금지

올해부터 음 · 폐수와 분뇨, 분뇨오니(침전 오염물)를 바다로 버릴 수 없다. 런던협약 · 의정서 가입국은 육상에서 발생한 폐기물을 원칙적으로 바다에 버릴 수 없지만, 그동안 국토해양부령에서 정하는 일부 폐기물에 한해 해양 배출을 허용해왔다.

3. 통신

아날로그 방송 종료

KBS, MBC, SBS 등 이른바 지상파 방송사의 아날로그 방송이 서울과 수도권을 포함한 전국에서 종료되고 새해부터 본격적인 디지털 방송이 시작된다. 경제협력개발기구(OECD) 33개국 중 24번째로 디지털 전환함으로써 기존 아날로그 방송에 비해 5~6배 우수한 화질, CD급 음질 등 고품질 방송 서비스를 제공하는 기반이 마련됐다.

700㎒ 무선 마이크 사용 종료

무선 마이크에 할당한 700㎒ 일부 대역(742~752㎒) 주파수가 회수돼 이 대역 무선 마이크를 판매하는 행위가 내년부터 금지된다.

4. 고용, 노동

최저임금 4860원으로 인상

최저임금이 시간당 4580원에서 4860원으로 오른다. 최저임금은 고용형태나 국적에 관계없이 모두 적용된다. 근무기간 3개월 미만의 수습근로자와 아파트 경비원 등 감시·단속적 근로 종사자는 10% 감액할 수 있다.

예술인도 산재보험 적용

연극·무용·뮤지컬 배우와 무술연기자, 촬영·조명·음향 등 기술스태프 등 예술인도 산재보험에 가입해 혜택을 받을 수 있게 된다.

사업장 규모에 관계없이 법정퇴직금 지급

사업장 규모에 관계없이 1년 이상 근속한 퇴직자는 법정퇴직금(1년에 30일분 이상의 평균임금) 100%를 받을 수 있다. 2012년까지 4인 이하 사업장 퇴직자에게는 법정퇴직금의 50% 이상을 지급해왔다.

산재보험 유족연금 수급자격 확대

산재로 숨진 근로자의 자녀·손자녀·형제·자매에게 18세 미만까지 지급되던 유족연금이 19세 미만까지로 확대된다. 사망 근로자 남편이 60세 이상일 때만 연금을 지급하던 연령 기준도 폐지된다.

고용촉진지원금 지원 확대

장애인·여성가장 등 취업 취약계층 고용 사업주에게 연 2회 지급하던 고용촉진지원금이 연 4회로 확대 지급된다. 대상자가 자발적으로 이직한 때도 사업주에게 고용촉진지원금을 지원한다.

5.법무, 경찰

아파트 하자 시공사 상대 소송

집합건물법 개정에 따라 아파트와 오피스텔, 주상복합 건물 등에 하자가 생기면 분양회사 외에 시공사를 상대로도 직접 하자보수나 손해배상 청구를 할 수 있게 된다.

성충동 약물치료, 전체 성도착자로 확대

3월부터 전 연령층을 대상으로 성폭력 범죄를 저지른 성도착자 중 재범의 위험이 있는 범죄자에 대해 성충동 약물치료(일명 화학적 거세)를 적용하게 된다.

흉악·강력범 보호관찰

6월부터 성폭행범, 유괴범, 살인범, 강도범 중 재범 위험이 큰 사람은 형 집행 후 보호관찰을 받도록 했다.

경범죄 범칙금 신설

범칙금을 부과하는 경범죄 처벌 항목이 3월부터 28개 더 늘어난다. 타인을 괴롭히는 스토킹은 8만원, 허위광고, 암표매매 등 경범죄에도 16만원의 범칙금이 책정됐다.

순경·간부후보생 상한연령 40세

순경 공개채용 시험과 간부후보생 시험의 응시 상한연령이 30세 이하에서 40세 이하로 상향된다.

부패 경찰, 원 스트라이크 아웃제

금품수수 등 부패 행위로 한 번이라도 징계 처분을 받은 경찰관을 주요부서나 직위에서 원천 배제하는 '원 스트라이크 아웃' 제도가 도입된다.

6. 교육

만 3~4세도 누리과정 시행

2013년 3월부터 유치원과 어린이집을 다니는 모든 만 3~4세 유아에게 누리과정이 시행된다. 2012년에 누리과정을 적용받은 만 5세아를 포함, 누리과정은 만 3~5세로 확대 적용되며 소득수준에 관계없이 지원된다. 지원 금액은 사립유치원과 어린이집 기준 월 22만원이며, 국공립 유치원은 입학금과 수업료를 면제하고 월 6만원을 지원한다.

저소득층 초중고생 교육비지원은 주민 센터에서 접수

저소득층 초중고생의 교육비 지원 신청 장소가 학교에서 읍면동 주민 센터로 변경된다. 학부모가 한 번만 주민 센터를 방문해 신청하면 된다. 지원 대상자는 신청가구의 소득과 재산을 기준으로 선정한다.

방과후학교 자유수강권 지원 확대

기초생활수급자까지만 지원되던 방과후학교 자유수강권이 차상위계층 100%까지 확대 지원된다. 1인당 지원 규모도 연간 60만원(월 5만원) 수준으로 확대된다.

교육전문직, 지방공무원으로 전환

교육 전문직이 지방공무원으로 바뀐다. 교육감이 총액 인건비 범위에서 일반직 · 기능직 공무원은 물론 교육전문직 정원책정 · 운영을 자율적으로 할 수 있다.

7. 환경

수질기준 · 건강보호항목 확대

난분해성 유기물질의 양을 나타내는 지표인 총유기탄소량(TOC)이 하천과 호수 등 공공수역의 생활환경 기준에 추가된다. 생화학적 산소요구량(BOD) 등 기존 지표에 비해 정확도가 높아 물 속 유기물질을 보다 체계적으로 측정 · 관리할 수 있다.

어린이용품 환경유해인자 사용제한

9월부터 다이-n옥틸프탈레이트(DNOP)와 다이이소노닐프탈레이트(DINP) · 트라이뷰틸주석(TBT) · 노닐페놀 등 환경유해인자 4종을 일정 함량 이상 사용할 수 없다.

자동차 배출가스 원격측정

원격측정기를 도입해 달리는 자동차의 배출가스를 측정할 수 있게 된다. 수도권 등 정밀 검사 지역의 휘발유와 가스차량을 대상으로 원격측정을 하고 2014년부터 대상 차량과 지역 등이 확대된다.

농기계도 배출가스 규제

콤바인이나 트랙터 등 농기계도 출력범위에 따라 2016년까지 단계적으로 배출가스 규제를 받는다.

음폐수 해양배출 금지

음식물 쓰레기에서 발생하는 폐수(음폐수)의 해양 배출이 전면 금지된다. 음폐수는 자원화시설 등 육상에서 모두 처리한다.

8. 농축산어업

반려견 등록제 전국으로 확대

일부 지자체에서 시행되던 동물등록제가 전국으로 확대된다. 3개월령 이상의 반려견을 키우는 사람은 관할 시·군·구에서 지정한 동물병원, 동물보호단체, 동물판매업체 등에 등록해야 한다.

음식점 원산지 표시 확대

음식점 원산지 표시대상이 양·염소고기, 고등어, 명태, 갈치, 살아있는 수산물, 족발·보쌈 등 배달용 돼지고기, 배추김치 중 고춧가루 등으로 확대된다.

농어촌 돕는 기업에 자금·정책지원

농어촌 활성화에 기여한 기업, 단체 등에 인증서를 발급하고 혜택을 주는 '농어촌 사회공헌인증제'가 시행된다.

농지은행 지원대상자 연령제한 완화

고령자의 농업 활동을 돕자는 취지에서 농지은행 지원대상자의 연령이 기존 60세에서 64세로 완화된다.

동물복지 축산농장 인증, 돼지로 확대

동물을 양호한 환경에서 기르는 농장을 국가가 공인하는 '동물복지 축산농지 인증제'가 확대된다. 올해는 산란계에만 적용됐으나 2013년 돼지(5월 예정), 2014년 육계, 2015년 한 육우·젖소로 확대된다.

9. 행정

한글날 공휴일, 23년 만에 쉰다

10월9일 한글날이 다시 공휴일이 된다. 1991년 공휴일에서 제외된 지 23년 만이다.

지방세 부정신고자에 가산세 40%

지방세 신고 때 허위나 부정을 저지르면 부과되는 가산세가 현행 최고 20%에서 최고 40% 로 인상된다. 고액·상습 지방세 체납자 명단 공개 범위도 2년 이상 체납자에서 1년 이상 체납자로 확대된다.

국가자격시험 고졸 응시제한 폐지 확대

고등학교 졸업자도 응시할 수 있는 국가자격시험이 환경측정분석사와 소방안전교육사로 확대된다.

기초생활수급자 경찰·소방·교육 공무원 응시수수료 전액 면제

기초생활보장 수급자와 한부모 가족 등 사회 취약계층이 경찰·소방·교육 공무원과 군 무원 채용시험에 응시하면 수수료가 전액 면제된다. 관광통역안내사와 호텔경영사, 철도 차량 운전면허 등 국가가 시행하는 24개 자격시험의 응시수수료도 감면된다.

3명 이상 다자녀 가정 지원 확대

출산 장려를 위해 3명 이상 다자녀 가정에 대한 지원이 확대된다. 내년부터 도시가스요금 이 5% 감면되며, 2015년 말까지 6인승 이하 승용차는 140만원까지, 7~9인승 승용차 이상 은 전액 자동차 취득세가 면제된다.

20대 기업 인재상 분석

• • •

인재상 분석은 수험생들이 의외로 소홀히 하는 부분이다. 인재상을 읽어 보고 스스로에게 질문해 보아야 한다. 인재상과 관련된 경험이 있는지 고민해 보고 기업에서 요구하는 인재에 부합된다는 점을 자기소개서와 면접에서 부각해야 한다. 아래의 표에 주요 기업의 인재상이 구체적으로 의미하는 것이 무엇인지 정리되어 있다.

[주요 기업의 인재상]

창의성	창조, 인식전환, 상상력, 가치 창출, 새로운 아이디어 등
전문성	전문지식, 전문기술, 자기개발, 프로정신, 핵심역량 등
도전정신	진취, 적극, 신념, 의지, 긍정적 사고, 위험감수 등
도덕성	정직, 인간미, 신뢰, 매너, 직업윤리, 투명성, 기본충실 등
팀워크	상호협력, 배려, 공유, 화합, 상호존중, 조직 마인드 등
글로벌 역량	외국어, 개방성, 문화적 이해, 국제 감각 등
열정	승부근성, 몰입, 끈기, 최선, 강한 의지, 기업가 정신 등
주인 의식	오너십, 책임의식, 자율, 리더십, 사명감, 솔선수범 등
실행력	행동 우선, 추진력, 실천, 실천적 성취 등

1. 금융업종

(1)국민은행

창의적인 사고와 행동으로 변화를 선도하며 고객가치를 향상시키는 프로금융인

고객우선주의	● 고객 지향적인 마인드와 적극적인 서비스 개선 노력 ● 프로의식으로 고객의 가치 창출
자율과 책임	● 위임된 권한에 따라 스스로 판단 ● 결과와 성과에 대한 책임
적극적 사고와 행동	● 혁신적인 사고방식으로 변화를 선도 ● 최고 전문가로 성장하기 위한 끊임없는 자기개발 노력
다양한 가치의 존중	● 다양한 사고와 가치를 존중하고 포용할 수 있는 개방적 사고 ● 미래가치에 대한 확신과 지속적인 창출노력

(2) 신한은행

새로운 미래를 열어가는 사랑받은 1등 은행 "금융의 힘으로 세상을 이롭게 하다"

변화주도	유연하고 창의적인 사고를 가진 자(Creativity)
상호존중 고객중심	정직과 신뢰를 바탕으로 나 혼자가 아닌 모든 사회 구성원을 생각하는 자(Compassion)
최고지향 주인정신	조직과 나의 발전을 위해 끝없는 열정으로 도전목표를 강력하고 신속하게 실행하는 자(Capability)

(3) 하나은행

비전달성을 위한 전문역량과 리더십을 겸비한 리더

성과리더십	스스로 도전적인 목표를 부여하고 이를 달성하기 위한 강한 의지와 실행력을 갖는 것(성과지향, 휴먼네트워크, 문제해결, 고객지향)
조직리더십	원활한 커뮤니케이션을 바탕으로 조직 내에 신뢰의 공동체 문화를 형성하여 조직을 이끌어 가는 것(신뢰구축, 감성지능, 인재육성, 커뮤니케이션)

혁신리더십	경영 환경변화에 대한 명확한 통찰력을 바탕으로 조직이 나아갈 방향을 구체적으로 제시하여 이를 구성원들과 함께 공유하는 것 (변화선도, 전략적 사고, 비전제시, 글로벌마인드)

2. 자동차 업종

(1) 현대자동차

현지의 정책을 이해하고 새로운 방식으로 고객에게 다가가는 현대자동차!
현지의 문화를 이해하고 고객과 함께하는 현대자동차!
기존의 생각을 비우고 새로운 것에 도전하는 현대자동차!
고객의 입장에서 생각하여 새로운 가능성을 여는 현대자동차!
고객의 아픔을 함께 나누고 새로운 희망을 만드는 현대자동차!

(2) 기아자동차

Kreative	기아만의 새로움을 실천할 수 있는 창의의 인재
Interactive	고객 및 직원을 배려하고 협력하는 소통의 인재
Adventurous	어려움을 피하지 않고 당당하게 맞서는 도전의 인재

(3) 현대모비스

소통과 협력에 앞장서는 모비스인
고객만족을 최우선시 하는 모비스인
글로벌 경쟁력을 갖춘 모비스인
인재존중의 기업문화를 실천하는 모비스인
도전적 추진력으로 실행하는 모비스인

3. 전자 통신 업종

(1) 삼성전자

창의적 인재	기존의 형식에서 벗어난 새로운 생각을 가지고 발상과 인식의 전환을 이끌어낼 수 있는 창의적 인재는 삼성전자가 상상하는 미래를 현실로 구현할 수 있는 인재를 의미합니다. 목표의식과 위기의식을 갖고 끊임없는 창의적 개선을 통해 위기를 극복해 나갈 수 있는 인재, 바로 삼성전자가 바라는 인재입니다.
도전적 인재	어렵고 남들이 기피하는 분야에 도전하는 개척정신과 변화와 개혁을 선도하려는 강한 모험정신을 가진 인재는 실패에도 절대 굴하지 않습니다. 실패를 두려워하지 않는 인재, 바로 삼성전자가 원하는 인재입니다.
글로벌 인재	'한국을 넘어 세계로'. 삼성전자는 Global 초일류 기업을 향하여 힘차게 나아갑니다. 뛰어난 외국어 실력과 다양한 문화에 쉽게 적응할 수 있는 인재. 바로 삼성전자가 꿈꾸는 인재입니다.
전문 인재	한 분야의 전문지식을 기반으로 다양한 분야의 지식을 창출할 수 있는 인재. 이러한 전문성을 통하여 고객의 니즈를 파악하고 끊임없이 기술과 시장의 영역을 넓혀가는 인재, 바로 삼성전자가 함께 하고자 하는 인재입니다.

(2) LG전자

LG Way에 적합한 신념과 실행력을 겸비한 사람
꿈과 열정을 가지고 세계 최고에 도전하는 사람
고객을 최우선으로 생각하고 끊임없이 혁신하는 사람
팀워크를 이루며 자율적이고 창의적으로 일하는 사람
꾸준히 실력을 배양하여 정정당당하게 경쟁하는 사람

(3) LG Display

강한 열정을 바탕으로 전문성과 팀워크를 발휘하여 일등을 추구하는 LG Display인	
전문성	- 고객지향, 창의적 문제해결, 정정당당 끊임없는 혁신과 창의적 사고를 바탕으로 정정당당하게 경쟁하여 고객에게 최고의 가치를 제공하는 사람
열정	- 일등정신, 도전성, 주도적 자세 일과 사람에 대한 애정과 주도적인 자세로 세계최고에 도전하는 사람
팀워크	- 경청/배려, 상호존중, 전체 최적화 상호존중과 신뢰를 기반으로 공동의 가치와 목표를 추구하는 사람

(4) SK하이닉스

도전, 창조, 협력을 실천하는 인재	
도전인	어떠한 역경 속에서도 위기를 기회로 만들 수 있는 자신감과 능력을 지니고 더 높은 목표를 향해 기꺼이 도전하는 인재
창조인	끊임없는 학습과 자기혁신을 통해 개인과 조직의 지속성장을 추구하고 잠재 역량을 최대한 발휘하여 최상의 가치를 창출하는 인재
협력인	이해와 존중을 기반으로 적극적으로 협력하여 상호신뢰관계를 구축하고 이를 통한 조직과 개인의 최상의 성과를 추구하는 인재

(5) SK텔레콤

회사와 함께 Most Valuable Biz Professional로 성장이 가능한 인재	
창의력과 패기	오늘날 기업이 가장 필요로 하는 요소 중 하나는 창의력입니다. 과거 아날로그 시대에는 축적된 경험이 경쟁력의 원천이었지만, 디지털 시대에는 속도와 독창성이 곧 경쟁력이 됩니다. 틀에 맞춘 사고 대신 유연하게 변화를 추구하며 창의와 기술로 새로운 분야를 개척해야 합니다. 과거에 얽매이지 않고 미래를 향해 도전할 줄 아는 진취적이고 창의적인 사람, 그것이 바로 SK Telecom이 바라는 인재입니다.

고객을 위한 가치창조	고객을 위한 가치를 창조하는 사람은 현재의 안정적인 회사에 안주하려는 자세보다는 회사와 자신의 가치창조를 위해 노력하는 사람입니다. 자신의 고객이 누구이며, 그들의 요구가 무엇인지를 알고, 고객의 입장에서 함께 희로애락을 느끼고, 이를 기업경영에 반영하여 고객에게 감동을 주기 위해 최선을 다하는 사람을 말합니다. 고객의 마음을 누구보다 잘 아는 사람이야말로 참된 기업정신을 아는 인재이기 때문입니다. 또한 인간미와 도덕성, 그리고 타인과의 협조를 통해 더불어 사는 기업구성원으로서의 역할과 책임을 다하는 사람을 의미합니다.
Global Business-man	글로벌 비즈니스맨이란 글로벌 경영환경을 폭넓고 깊이 있게 이해할 수 있는 국제적인 안목과 역량을 갖춘 사람, 그리고 세계시장에 적극적으로 도전하는 패기 있는 사람을 말합니다. 글로벌 비즈니스맨이 되기 위해서는 국제무대에서 대화가 가능한 언어능력과 정보화 수준을 보유하고 있어야 하며 주변 인프라를 자유롭게 네트워크화 할 수 있는 능력을 갖춰야 합니다.
세계일류 전문가	기술이 진보하고 사회가 변화하는 때일수록 창의를 바탕으로 한 빠르고 유연한 사고는 중요한 역량입니다. 이러한 창의성과 사업역량을 발휘하기 위해서는 기본적으로 자신의 분야에 전문성을 갖는 것이 전제되어야 합니다. 특정영역에 대한 지식과 경험이 충분하지 않으면 그 분야의 문제를 발견할 수 없고, 문제에 대한 근본적인 이해가 없다면 해결책 또한 찾아낼 수 없기 때문입니다. 따라서 SK텔레콤에 입사를 희망하는 사람은 우선 자기분야에서 '세계 최고전문가가 되겠다'는 목표와 '프로근성'을 가져야 할 것입니다.

4. 중공업 업종

(1) 두산중공업

PE **(Passion for Excellence)**	● 끊임없이 도전하여 성과를 내는 사람 지속적으로 자신의 눈높이를 높여 가며, 진취적이고 강한 개척정신을 소유하여, 높은 비전과 도전적 목표를 설정하며, 끈질기고 집요한 성취욕구로, 반드시 성과를 내고야 마는 책임감과 주인의식의 소유자
인화(人和)	● 원칙을 지켜 함께 발전하는 사람 도덕성과 투명성을 갖추고 팀워크 능력 및 원활한 대인관계로 파벌, 온정, 이기, 권위, 맹목적 장유유서 등을 배격하여 공정한 게임의 룰을 통하여 회사의 더 큰 성과를 이루어낼 수 있는 사람
열린 Mindset	● 유연한 사고로 혁신을 주도하는 사람 다양성에 대한 수용력이 높고 유연한 사고가 가능하며, 자신의 부족한 점을 항상 인식하는 겸허한 자세를 가지고 있어 배우려는 자세가 되어 있고 새로운 것과 보다 나은 것에 대한 강한 흡수력을 가지며, 혁신적이고 창조적인 아이디어를 끌어내는 사람
전문성	● 역량으로 도약을 이끄는 사람 자기분야에서 최고 수준의 사업적, 기능적, 기술적 전문성을 보유하고 있으며, Industry 및 Business의 첨단 경향에 대한 이해와 안목을 바탕으로 '우물 안 개구리 식' 사고를 탈피, 업의 수준을 한 단계 끌어 올릴 수 있는 사람

(2) 삼성중공업

열린 마음	인간미와 도덕성으로 충만한 마음을 지닌 사람
열린 머리	창의와 협력을 바탕으로 미래를 개척해 나가는 창조형의 사람
열린 행동	세계시민으로서의 국제 감각과 능력을 갖춘 사람

(3) 현대중공업

기본에 충실한 사람을 소중하게 생각합니다	기본에 충실한 사람은 자신의 행동에 책임을 지고 자신에게 주어진 역할과 본분을 다할 뿐만 아니라, 근면하고 성실하게 생활하며 매사에 정직한 자세로 일을 처리합니다. 그리고 대인관계에 있어서 상호 존중할 뿐만 아니라, 고객에 대해서는 세심한 배려와 친절을 생활화합니다. 또한 기본에 충실한 사람은 건전한 시민의식과 나라와 사회에 봉사하는 정신과 교양 및 인격을 지니고 있습니다. 현대중공업은 자신만의 독특한 개성을 유지하되 충실한 기본이 있어야 발전과 성장이 있다고 확신합니다.
풍부한 상상력으로 창의력을 발휘하는 사람을 존중합니다	현대중공업은 미래지향적인 사고와 창의력으로 무에서 유를 창조하는 집념으로 발전하여 왔으며, 미래는 뛰어난 창의력으로 고객 및 사회가 요구하는 것에 항상 새롭고 신속하게 대응하는 기업만이 성공할 수 있다고 확신하고 있습니다. 따라서 현대중공업은 현실에 안주하지 않고 실패를 두려워하지 않으며 항상 새로운 분야를 개척하고 끊임없이 변화를 추구하여 미래를 자신의 것으로 창조하는 사람을 높이 생각하고 존중합니다.
세계를 무대로 사고하고 최고를 지향하는 국제화 인재를 존중합니다	국제화 인재라 함은 유연한 사고, 폭넓은 시야 및 국제적 안목과 소양을 갖추고 항상 세계무대를 경쟁상대로 적극적으로 도전하는 사람이며 또한 자신의 분야에 핵심역량을 갖춘 전문인을 말합니다. 현대중공업은 회사설립 이래 세계를 무대로 경쟁하면서 발전하여 왔으며, Global 경영 환경에서 경쟁력을 확보하기 위해서는 회사를 운영하는 주체인 사람의 국제화가 가장 중요하다고 생각하고 있습니다.
적극적 자세와 강인한추진력으로 실천하는 사람을 존중합니다	적극적인 자세와 강인한 추진력으로 실천하는 사람을 존중합니다. 현대중공업은 다른 사람이 감히 하지 못하는 일도 적극적인 자세와 강인한 추진력으로 성공시킨 소중한 역사와 경험을 가지고 있습니다. 사람이 하는 일에 불가능이란 없다는 강한 신념으로 신세계를 개척하는 인재를 존중합니다.

5. 항공 물류 업종

(1) 대한항공

진취적 성향의 소유자	● 항상 무엇인가를 개선하고자 하는 의지를 갖고 변화를 통해 새로운 가치를 창조해 내고자 하는 진취적인 성향의 소유자를 필요로 합니다. ● 지금과 같이 급변하는 시대에 필요한 인재는 고정관념을 깨뜨리고 미래를 관리할 수 있는 진취적인 사람입니다. ● 주어진 일에 대해 항상 무언가 개선하고자 하는 의지를 갖고 사람들의 머릿속에 고정관념의 틀을 깨며 항상 변화하고 발전을 꾀하는 진취적인 사람들과 대한항공은 미래를 준비하고자 합니다.
서비스 정신과 올바른 예절을 지닌 사람	● 단정한 용모, 깔끔한 매너, 따뜻한 가슴으로 고객을 배려하는 서비스 정신과 올바른 예절을 지닌 사람입니다. ● 항공사란 그 자체가 서비스의 결정체로 단정한 용모와 깔끔한 매너 따뜻한 가슴으로 고객을 배려하는 모습은 모든 항공사들이 자기직원에게 공통으로 바라는 이상적인 이미지입니다. 항공사에 있어 주인정신과 프로정신은 바로 서비스정신으로 나타납니다.
국제적 감각의 소유자	● 자기중심사고를 탈피하여 세계의 다양한 문화를 이해할 수 있는 세계인으로서의 안목과 자질을 갖춘 국제적 감각의 소유자를 원합니다. 글로벌 항공사에서 일하고자 하는 사람에 있어 유창한 외국어 구사능력은 기본입니다. 오늘날과 같은 국제화 시대를 이끌어 갈 사람은 어학실력, 열린 마음 및 넓고 깊은 문화적 지식과 이해를 지닌 세계 시민이 되어야 합니다. ● 그러나 단순히 외국어를 잘하는 사람보다 우리의 고유한 문화의식을 바탕으로 외국의 문화와 습관, 에티켓 등을 충분히 이해하여 깨끗한 매너로 상대방을 존중하는 가운데 품위 있고 자신 있는 대화를 나눌 수 있는 능력, 이것이 대한항공이 원하는 것입니다.

성실한 조직인	● 작은 일이라도 책임감을 가지고 완수하며 원만한 대인관계를 유지해 나가는 성실한 조직인을 원합니다. ● 거대한 조직의 구석구석에서 나사못과 윤활유 역할을 담당하는 성실한 일꾼이야말로 대한항공의 자산입니다. 마무리 능력이 탁월해도 매사에 최선을 다하는 성실성이 없다면 어느 곳에서도 환영 받을 수 없습니다. ● 대한항공은 일의 성과 못지않게 그 과정도 중요시 합니다. 화려한 스타플레이어 못지않게 보조 플레이어의 성실한 역할을 높게 평가합니다.

(2) 아시아나 항공

부지런한 아시아나 인	근면과 성실, 집념과 끈기로 목표달성을 위해 노력하는 아시아나인 ● 근면하고 성실한 자세로 모든 일에 최선을 다한다. ● 목표를 반드시 달성하는 강한 의지를 갖는다. ● 한 템포 빨리 발상하고, 계획하고 행동한다.
연구하고 공부하는 아시아나 인	자기 발전과 조직 발전을 위해 항상 연구하는 아시아나인 ● 자신의 완성을 위해 끊임없이 투자하고, 학습한다. ● 조직의 발전을 위한 지식증진과 기술개발에 힘쓴다. ● 정보화 시대를 선도하기 위한 능력을 함양한다.
적극적인 아시아나 인	장기적인 안목을 가지고 긍정적인 사고를 하면서 매사에 적극적으로 대응하는 아시아나인 ● 진취적, 긍정적으로 사고하고 생활한다. ● 매사에 책임감을 지니고, 솔선수범한다. ● 자기 자신을 적극적으로 아끼고 사랑한다.
서비스정신이 투철한 아시아나 인	투철한 서비스 정신으로 고객만족을 실현하는 아시아나인 ● 고객의 입장에서 고객을 가족같이 생각한다. ● 서비스 영역을 구분하지 않는다. ● 나보다 고객을 중시한다.

(3) 현대 글로비스

글로벌 마인드와 전문성을 보유한 인재	문화의 관행과 다양성을 존중하고, 모든 분야에서 글로벌 최고 전문성을 보유하고자 노력하는 인재를 말합니다.
진취적이고 유연한 사고로 끊임없이 도전하는 인재	현실에 안주하지 않고 진취적이고 유연한 사고를 끊임없이 새로운 것에 도전하는 인재를 말합니다.
고객을 최우선적으로 생각하는 인재	고객만족 및 가치 극대화 관점에서 생각하며, 이에 적극적으로 대응하는 인재를 말합니다.
열린 마음으로 소통과 협력에 힘쓰는 인재	열린 마음과 공동체 의식으로 다양성을 가지고 의견을 주고받으며 소통, 협력에 힘쓰는 인재를 말합니다.
끊임없이 변화와 혁신을 추구하는 인재	끊임없이 자신을 개발하고 창의적으로 회사의 업무방식을 개선하여 더 나은 세상을 선도하는 인재를 말합니다.
국가와 사회발전에 기여하는 인재	올바른 가치관을 보유하고, 사회적 책임의 중요성을 인지하여 개인, 기업, 사회의 동반성장을 꿈꾸는 인재를 말합니다.

6. 철강 업종

(1) POSCO

강한 의지와 열정으로 끊임없이 도전하고, 창의적 시각으로 새로운 가치를 창출하는 인재
자기 분야에 대한 전문성을 갖고 있으며 타 분야 지식도 겸비한 융복합형 인재
세계무대에서 활약할 수 있는 글로벌 역량과 건전한 직업의식을 가진 인재

(2) 현대제철

도전인	현재에 만족하지 않고 미래를 위해 도약하려고 하는 도전의식을 갖춘 사원

창조인	변화에 항상 적극적이고 창의적인 자세로 대처하는 사원
전문인	전문능력과 지식을 갖추고 담당분야의 전문가가 되도록 노력하는 사원
친화인	사우들과 원만한 관계를 유지하고 협력하는 사원

7. 기타 업종

(1) 두산인프라코어

도전과 혁신으로 비전을 성취하는 global 두산인	
PE (Passion for Excellence)	● 끊임없이 도전하여 성과를 내는 사람 - 눈높이 - 진취적 개척정신 - 도전적 목표 - 성취 욕구
인화(人和)	● 원칙을 지켜 함께 발전하는 사람 - 도덕성/투명성 - Teamwork - 공정한 Rule of Game
열린 Mindset	● 유연한 사고로 혁신을 주도하는 사람 - 유연한 사고 - Sponge Mentality - 혁신/창조적
전문성	● Global 역량으로 도약을 이끄는 사람 - 최고 수준의 전문성 - 첨단 trend 이해/안목

(2) 이랜드

성숙한 인격과 탁월한 능력으로 고객을 섬기는 전문가	
성숙한 인격	● 정직한 비즈니스를 통해 사회를 섬길 수 있는 사람 ● 일의 의미를 알고 자기 주도적으로 일하는 사람 ● 사회, 고객, 회사, 동료에게 감사할 수 있는 사람 ● 비즈니스의 목적을 사람에 두고 인재를 양성하는 사람
탁월한 능력	● 수익, 비용의식을 가지고 팀워크를 발휘하는 프로페셔널 ● 긍정적, 적극적 사고로 세계 최고를 향해 지속적으로 혁신을 추구하는 사람 ● 모든 것에서 배우고, 끊임없이 성장하는 사람 ● 미래 지향적 사고로 글로벌 시장에서 성공하는 사람

(3) 한화

신의	신용과 의리로 약속을 지킬 수 있는 사람 배려심과 인간적인 매력으로 호감을 주는 따뜻한 사람 본인의 위치에 맞는 역할과 본분을 다하는 사람
도전	자신이 맡은 분야에서 최고가 되겠다는 열정을 지닌 사람 현재에 안주하지 않고 끊임없이 더 높은 목표를 추구하는 사람 목표한 바에 적극적인 변신으로 도전하여 새로운 꿈을 실현시키는 사람
창조	일을 통해 자아실현을 이루고자 노력하는 사람 열린 사고와 문제의식을 통해 보다 나은 방안을 창출해 내는 사람 아무리 어렵고 힘든 일도 재미있고 멋지게 해내는 사람
국제	다양한 외국어 능력은 물론 세계를 무대로 창의력을 발휘할 수 있는 사람 세계문화에 대한 수용력과 국제적 소양을 갖춘 사람 국제사회가 요구하는 수준의 윤리의식과 환경의식을 갖춘 사람

인문학적 성찰 중심의

취업전략

펴낸날 2013년 3월 25일 · 1판 1쇄 인쇄 | 2013년 4월 1일 · 1판 1쇄 발행

지은이 조용진 조용기 고귀한 | **펴낸이** 나성원 | **펴낸곳** 나비의활주로

편집 박성연 | **디자인** 김해연

주소 서울시 강북구 노해로 17 | **전화** 070-7643-7272 | **팩스** 02-6499-0595

전자우편 | udeng7076@naver.com

출판등록 | 2010년 9월 17일(제25100-2012-000013호)

ISBN 978-89-97234-13-4 13320